Pflanzliche Genüsse

Eine Reise zu Gesundheit und Nachhaltigkeit

Lara Schneider

Inhalt

Traditionelles indisches Rajma Dal 9

Roter Bohnensalat 11

Anasazi-Bohnen-Gemüse-Eintopf 13

Einfaches und herzhaftes Shakshuka 15

Altmodisches Chili 17

Ein einfacher roter Linsensalat 19

Kichererbsensalat nach mediterraner Art 21

Traditioneller toskanischer Bohneneintopf (Ribollita) 24

Belugalinsen-Gemüse-Melange 26

Mexikanische Kichererbsen-Taco-Bowls 28

Indischer Dal Makhani 30

Bohnenschale im mexikanischen Stil 32

Klassische italienische Minestrone 34

Grüner Linseneintopf mit Grünkohl 36

Kichererbsen-Gartengemüsemischung 38

Heißer Bohnendip 40

Sojabohnensalat nach chinesischer Art 42

Altmodischer Linsen-Gemüse-Eintopf 45

Indisches Chana Masala 47

Rote Bohnenpastete 49

Braune Linsenschüssel 51

Scharfe und würzige Anasazi-Bohnensuppe 53

Schwarzäugiger Erbsensalat (Ñebbe) 55

Mama war berühmt für Chili 57

Cremiger Kichererbsensalat mit Pinienkernen 59

Schwarze Bohnen-Buddha-Schüssel 61

Kichererbseneintopf aus dem Nahen Osten 63

Linsen- und Tomatensauce 65

Cremiger grüner Erbsensalat 67

Za'atari-Hummus aus dem Nahen Osten 70

Linsensalat mit Pinienkernen 72

Scharfer Anasazi-Bohnensalat 74

Traditioneller Mnazaleh-Eintopf 76

Pfefferroter Linsenaufstrich 78

Im Wok gebratene würzige Zuckerschoten 80

Schnelles Chili für jeden Tag 82

Cremiger Schwarzaugen-Erbsensalat 84

Mit Kichererbsen gefüllte Avocados 86

Schwarze Bohnensuppe 88

Beluga-Linsensalat mit Kräutern 92

Italienischer Bohnensalat 95

Mit weißen Bohnen gefüllte Tomaten 97

Winterliche Schwarzaugenerbsensuppe	99
Rote-Bohnen-Patties	101
Hausgemachte Erbsenburger	103
Eintopf mit schwarzen Bohnen und Spinat	105
Klassischer Knoblauchreis	107
Brauner Reis mit Gemüse und Tofu	109
Einfaches Amaranth-Püree	111
. County-Maisbrot mit Spinat	113
Milchreis mit Johannisbeeren	115
Hirsebrei mit Sultaninen	117
Quinoa-Porridge mit getrockneten Feigen	120
Brotpudding mit Rosinen	122
Bulgur-Weizen-Salat	124
Roggenbrei mit Blaubeermantel	126
Kokos-Sorghum-Porridge	128
Papas aromatischer Reis	130
Alltägliche herzhafte Grütze	132
Gerstensalat nach griechischer Art	134
Einfacher Brei aus Zuckermaismehl	136
Mamas Hirse-Muffins	138
Ingwerbrauner Reis	140
Süße Haferflocken „Tangs"	142

Freekeh-Schüssel mit getrockneten Feigen 144

Maismehlbrei mit Ahornsirup 147

Reis nach mediterraner Art 149

Bulgur-Pfannkuchen 151

Schokoladen-Roggenbrei 153

Ein authentisches afrikanisches Mielie-Essen 155

Teffbrei mit getrockneten Feigen 157

Dekadenter Brotpudding mit Aprikosen 160

Chipotle-Korianderreis 162

Haferflocken mit Mandeln 164

Aromatische Hirse-Bowl 166

Harissa Bulgur Schüssel 168

Kokosnuss-Kinoparty 171

Cremini-Pilzrisotto 173

Buntes Risotto mit Gemüse 175

Amaranthkörner mit Walnüssen 177

Gerstenpilaw mit Waldpilzen 179

Süße Maisbrot-Muffins 181

Aromatischer Milchreis mit getrockneten Feigen 184

Potage au Quinoa 186

Sorghumschale mit Mandeln 188

Bulgur-Muffins mit Rosinen 190

Altmodischer Pilaw 192

Freekeh-Salat mit Za'atar 194

Gemüse-Amaranth-Suppe 196

Polenta mit Pilzen und Kichererbsen 199

Teffsalat mit Avocado und Bohnen 201

Overnight-Oatmeal mit Walnüssen 203

Limetten-Kokos-Sauce 205

Hausgemachte Guacamole 207

Die einfachste vegane Mayonnaise aller Zeiten 211

Sonnenblumen- und Hanfsamenbutter 213

Cremige Senfsauce 215

Traditionelles Ajvar im Balkanstil 217

Traditionelles indisches Rajma Dal

(Fertig in ca. 20 Minuten | Für 4 Personen)

Pro Portion: Kalorien: 269; Fette: 15,2 g; Kohlenhydrate: 22,9 g; Protein: 7,2 g

Zutaten

- 3 EL Sesamöl
- 1 Teelöffel Ingwer, gehackt
- 1 Teelöffel Kreuzkümmel
- 1 TL Koriandersamen
- 1 große Zwiebel, gehackt
- 1 Selleriestange, gehackt
- 1 Teelöffel Knoblauch, gehackt
- 1 Tasse Tomatensauce
- 1 TL Garam Masala

1/2 TL Currypulver

1 kleine Zimtstange

1 grüne Chilischote, entkernt und gehackt

2 Tassen rote Bohnen aus der Dose, abgetropft

2 Tassen Gemüsebrühe

Koscheres Salz und gemahlener schwarzer Pfeffer nach Geschmack

Anweisungen

Das Sesamöl in einem Topf bei mittlerer bis hoher Hitze erhitzen. Nun Ingwer, Kreuzkümmel und Koriandersamen etwa 30 Sekunden lang anbraten, bis sie duften.

Zwiebel und Sellerie dazugeben und weitere 3 Minuten köcheln lassen, bis sie weich sind.

Den Knoblauch dazugeben und noch 1 Minute weiterbraten.

Die restlichen Zutaten in einem Topf vermischen und die Hitze zum Kochen bringen. 10-12 Minuten weiterkochen oder bis alles gar ist. Warm servieren und genießen!

Roter Bohnensalat

(Fertig in ca. 1 Stunde + Abkühlzeit | 6 Portionen)

Pro Portion: Kalorien: 443; Fette: 19,2 g; Kohlenhydrate: 52,2 g; Protein: 18,1 g

Zutaten

3/4 Pfund rote Bohnen, über Nacht eingeweicht

2 Paprika, gehackt

1 Karotte, gehackt und gerieben

3 Unzen gefrorene oder eingemachte Maiskörner, abgetropft

3 gehäufte Esslöffel Frühlingszwiebeln, gehackt

2 Knoblauchzehen, gehackt

1 rote Chilischote, in Scheiben geschnitten

1/2 Tasse natives Olivenöl extra

2 Esslöffel Apfelessig

2 Esslöffel frischer Zitronensaft

Meersalz und gemahlener schwarzer Pfeffer nach Geschmack

2 Esslöffel frischer Koriander, gehackt

2 Esslöffel frische Petersilie, gehackt

2 Esslöffel frisches Basilikum, gehackt

Anweisungen

Die eingeweichten Bohnen mit frischem, kaltem Wasser bedecken und zum Kochen bringen. Lassen Sie es etwa 10 Minuten kochen. Stellen Sie die Hitze auf niedrig und kochen Sie das Gericht 50–55 Minuten lang oder bis es weich ist.

Lassen Sie die Bohnen vollständig abkühlen und geben Sie sie dann in eine Salatschüssel.

Die restlichen Zutaten hinzufügen und gut vermischen. Guten Appetit!

Anasazi-Bohnen-Gemüse-Eintopf

(Fertig in ca. 1 Stunde | Für 3 Personen)

Pro Portion: Kalorien: 444; Fett: 15,8 g; Kohlenhydrate: 58,2 g; Protein: 20,2 g

Zutaten

1 Tasse Anasazi-Bohnen, über Nacht eingeweicht und abgetropft

3 Tassen geröstete Gemüsebrühe

1 Lorbeer

1 Thymianzweig, gehackt

1 Rosmarinzweig, gehackt

3 Esslöffel Olivenöl

1 große Zwiebel, gehackt

2 Selleriestangen, gehackt

2 Karotten, gehackt

2 Paprika, entkernt und gehackt

1 grüne Chilischote, entkernt und gehackt

2 Knoblauchzehen, gehackt

Meersalz und gemahlener schwarzer Pfeffer nach Geschmack

1 Teelöffel Cayennepfeffer

1 Teelöffel Paprika

Anweisungen

Die Anasazi-Bohnen und die Brühe in einem Topf zum Kochen bringen. Wenn es kocht, stellen Sie die Hitze auf köcheln. Lorbeerblätter, Thymian und Rosmarin hinzufügen; etwa 50 Minuten kochen lassen oder bis es weich ist.

Gleichzeitig das Olivenöl in einem Topf mit starkem Boden bei mittlerer bis hoher Hitze erhitzen. Nun Zwiebel, Sellerie, Karotte und Paprika ca. 4 Minuten anbraten, bis sie weich sind.

Fügen Sie den Knoblauch hinzu und braten Sie ihn weitere 30 Sekunden lang oder bis er duftet.

Die frittierte Mischung zu den gekochten Bohnen geben. Mit Salz, schwarzem Pfeffer, Cayennepfeffer und Paprika würzen.

Unter gelegentlichem Rühren weitere 10 Minuten kochen lassen oder bis alles gar ist. Guten Appetit!

Einfaches und herzhaftes Shakshuka

(Fertig in ca. 50 Minuten | Für 4 Personen)

Pro Portion: Kalorien: 324; Fette: 11,2 g; Kohlenhydrate: 42,2 g; Protein: 15,8 g

Zutaten

2 EL Olivenöl

1 Zwiebel, gehackt

2 Paprika, gehackt

1 Poblano-Pfeffer, gehackt

2 Knoblauchzehen, gehackt

2 Tomaten, püriert

Meersalz und schwarzer Pfeffer nach Geschmack

1 Teelöffel getrocknetes Basilikum

1 TL rote Paprikaflocken

1 Teelöffel Paprika

2 Lorbeerblätter

1 Tasse Kichererbsen, über Nacht eingeweicht, abgespült und abgetropft

3 Tassen Gemüsebrühe

2 Esslöffel frischer Koriander, grob gehackt

Anweisungen

Das Olivenöl in einem Topf bei mittlerer Hitze erhitzen. Wenn es heiß ist, kochen Sie die Zwiebel, die Paprika und den Knoblauch etwa 4 Minuten lang, bis sie weich sind und duften.

Die pürierten Tomaten, Meersalz, schwarzen Pfeffer, Basilikum, roten Pfeffer, Paprika und Lorbeerblätter hinzufügen.

Stellen Sie die Hitze auf niedrig und fügen Sie die Kichererbsen und die Gemüsebrühe hinzu. 45 Minuten backen oder bis sie weich sind.

Abschmecken und Gewürze anpassen. Die Shakshuka in einzelne Schüsseln füllen und mit frischem Koriander servieren. Guten Appetit!

Altmodisches Chili

(Fertigzeit ca. 1 Stunde 30 Minuten | Für 4 Personen)

Pro Portion: Kalorien: 514; Fette: 16,4 g; Kohlenhydrate: 72 g; Protein: 25,8 g

Zutaten

3/4 Pfund rote Bohnen, über Nacht eingeweicht

2 EL Olivenöl

1 Zwiebel, gehackt

2 Paprika, gehackt

1 rote Chilischote, gehackt

2 Rippen Sellerie, gehackt

2 Knoblauchzehen, gehackt

2 Lorbeerblätter

1 Teelöffel gemahlener Kreuzkümmel

1 Teelöffel Thymian, gehackt

1 Teelöffel schwarze Pfefferkörner

20 Unzen zerdrückte Tomaten

2 Tassen Gemüsebrühe

1 TL geräuchertes Paprikapulver

Meersalz nach Geschmack

2 Esslöffel frischer Koriander, gehackt

1 Avocado, entkernt, geschält und in Scheiben geschnitten

Anweisungen

Die eingeweichten Bohnen mit frischem, kaltem Wasser bedecken und zum Kochen bringen. Lassen Sie es etwa 10 Minuten kochen. Stellen Sie die Hitze auf niedrig und kochen Sie das Gericht 50–55 Minuten lang oder bis es weich ist.

Das Olivenöl in einem Topf mit starkem Boden bei mittlerer Hitze erhitzen. Wenn es heiß ist, bräunen Sie die Zwiebel, die Paprika und den Sellerie an.

Knoblauch, Lorbeerblätter, gemahlenen Kreuzkümmel, Thymian und schwarze Pfefferkörner etwa 1 Minute anbraten.

Gewürfelte Tomaten, Gemüsebrühe, Paprika, Salz und gekochte Bohnen hinzufügen. Lassen Sie es 25–30 Minuten lang köcheln, bis es gar ist, und rühren Sie dabei gelegentlich um.

Mit frischem Koriander und Avocado servieren. Guten Appetit!

Ein einfacher roter Linsensalat

(Fertig in ca. 20 Minuten + Abkühlzeit | 3 Portionen)

Pro Portion: Kalorien: 295; Fett: 18,8 g; Kohlenhydrate: 25,2 g; Protein: 8,5 g

Zutaten

1/2 Tasse rote Linsen, über Nacht eingeweicht und abgetropft

1 ½ Tassen Wasser

1 Zweig Rosmarin

1 Lorbeerblatt

1 Tasse Traubentomaten, halbiert

1 Gurke, in dünne Scheiben geschnitten

1 Paprika, in dünne Scheiben geschnitten

1 Knoblauchzehe, gehackt

1 Zwiebel, in dünne Scheiben geschnitten

2 EL frischer Limettensaft

4 Esslöffel Olivenöl

Meersalz und gemahlener schwarzer Pfeffer nach Geschmack

Anweisungen

Rote Linsen, Wasser, Rosmarin und Lorbeerblatt in einen Topf geben und bei starker Hitze zum Kochen bringen. Dann die Hitze auf niedrig stellen und 20 Minuten weitergaren, bis es weich ist.

Die Linsen in eine Salatschüssel geben und vollständig abkühlen lassen.

Die restlichen Zutaten hinzufügen und gut vermischen. Bei Zimmertemperatur oder gut gekühlt servieren.

Guten Appetit!

Kichererbsensalat nach mediterraner Art

(Fertig in ca. 40 Minuten + Abkühlzeit | Für 4 Personen)

Pro Portion: Kalorien: 468; Fett: 12,5 g; Kohlenhydrate: 73 g; Protein: 21,8 g

Zutaten

2 Tassen Kichererbsen, über Nacht eingeweicht und abgetropft

1 persische Gurke, in Scheiben geschnitten

1 Tasse Kirschtomaten, halbiert

1 rote Paprika, entkernt und in Scheiben geschnitten

1 grüne Paprika, entkernt und in Scheiben geschnitten

1 Teelöffel Feinkostsenf

1 TL Koriandersamen

1 Teelöffel Jalapenopfeffer, gehackt

1 Esslöffel frischer Zitronensaft

1 Esslöffel Balsamico-Essig

1/4 Tasse natives Olivenöl extra

Meersalz und gemahlener schwarzer Pfeffer nach Geschmack

2 Esslöffel frischer Koriander, gehackt

2 Esslöffel Kalamata-Oliven, entkernt und in Scheiben geschnitten

Anweisungen

Kichererbsen in den Topf geben; Bedecken Sie die Kichererbsen 5 cm mit Wasser. Bringen Sie es zum Kochen.

Stellen Sie die Hitze sofort auf eine niedrige Stufe und kochen Sie das Gericht etwa 40 Minuten lang oder bis es weich ist.

Die Kichererbsen in eine Salatschüssel geben. Die restlichen Zutaten hinzufügen und gut vermischen. Guten Appetit!

Traditioneller toskanischer Bohneneintopf (Ribollita)

(Fertig in ca. 25 Minuten | Für 5 Personen)

Pro Portion: Kalorien: 388; Fett: 10,3 g; Kohlenhydrate: 57,3 g; Protein: 19,5 g

Zutaten

3 Esslöffel Olivenöl

1 mittelgroßer Lauch, gehackt

1 Sellerie mit Blättern, gehackt

1 Zucchini, gehackt

1 italienischer Pfeffer, in Scheiben geschnitten

3 Knoblauchzehen, zerdrückt

2 Lorbeerblätter

Koscheres Salz und gemahlener schwarzer Pfeffer nach Geschmack

1 Teelöffel Cayennepfeffer

1 (28 oz.) Dose zerdrückte Tomaten

2 Tassen Gemüsebrühe

2 (15 oz.) Dosen Saubohnen, abgetropft

2 Tassen Lacinato-Grünkohl, in Stücke gerissen

1 Tasse Crostini

Anweisungen

Das Olivenöl in einem Topf mit starkem Boden bei mittlerer Hitze erhitzen. Wenn es heiß ist, Lauch, Sellerie, Zucchini und Paprika etwa 4 Minuten braten.

Knoblauch und Lorbeerblätter etwa 1 Minute anbraten.

Gewürze, Tomaten, Brühe und Bohnen aus der Dose hinzufügen. Lassen Sie es etwa 15 Minuten lang köcheln, bis es gar ist, und rühren Sie dabei gelegentlich um.

Den Lacinato-Grünkohl dazugeben und 4 Minuten weiter köcheln lassen, dabei gelegentlich umrühren.

Mit Crostini garniert servieren. Guten Appetit!

Belugalinsen-Gemüse-Melange

(Fertig in ca. 25 Minuten | Für 5 Personen)

Pro Portion: Kalorien: 382; Fett: 9,3 g; Kohlenhydrate: 59 g; Protein: 17,2 g

Zutaten

3 Esslöffel Olivenöl

1 Zwiebel, gehackt

2 Paprika, entkernt und gehackt

1 Karotte, in Scheiben geschnitten und gewürfelt

1 Pastinake, geputzt und gehackt

1 Teelöffel Ingwer, gehackt

2 Knoblauchzehen, gehackt

Meersalz und gemahlener schwarzer Pfeffer nach Geschmack

1 große Zucchini, gehackt

1 Tasse Tomatensauce

1 Tasse Gemüsebrühe

1 ½ Tassen Belugalinsen, über Nacht eingeweicht und abgetropft

2 Tassen Mangold

Anweisungen

Das Olivenöl in einem Schmortopf erhitzen, bis es brutzelt. Nun Zwiebel, Paprika, Karotte und Pastinake anbraten, bis sie weich sind.

Ingwer und Knoblauch dazugeben und weitere 30 Sekunden weiterbraten.

Fügen Sie nun Salz, schwarzen Pfeffer, Zucchini, Tomatensauce, Gemüsebrühe und Linsen hinzu; Lassen Sie es etwa 20 Minuten köcheln, bis alles richtig gegart ist.

Mangold hinzufügen; abdecken und weitere 5 Minuten köcheln lassen. Guten Appetit!

Mexikanische Kichererbsen-Taco-Bowls

(Fertig in ca. 15 Minuten | Für 4 Personen)

Pro Portion: Kalorien: 409; Fett: 13,5 g; Kohlenhydrate: 61,3 g; Protein: 13,8 g

Zutaten

2 EL Sesamöl

1 rote Zwiebel, gehackt

1 Habanero-Pfeffer, gehackt

2 Knoblauchzehen, zerdrückt

2 Paprika, entkernt und gewürfelt

Meersalz und gemahlener schwarzer Pfeffer

1/2 Teelöffel mexikanischer Oregano

1 Teelöffel gemahlener Kreuzkümmel

2 reife Tomaten, püriert

1 Teelöffel brauner Zucker

16 Unzen Kichererbsen aus der Dose, abgetropft

4 (8 Zoll) Mehl-Tortillas

2 Esslöffel frischer Koriander, grob gehackt

Anweisungen

Das Sesamöl in einer großen Pfanne bei mäßig hoher Hitze erhitzen. Dann die Zwiebeln 2–3 Minuten anbraten, bis sie weich sind.

Paprika und Knoblauch dazugeben und 1 Minute weiterbraten, bis es duftet.

Gewürze, Tomaten und braunen Zucker hinzufügen und zum Kochen bringen. Bringen Sie die Hitze sofort zum Kochen, fügen Sie die Kichererbsen aus der Dose hinzu und kochen Sie das Ganze noch 8 Minuten lang bzw. bis es durchgeheizt ist.

Toasten Sie Ihre Tortillas und belegen Sie sie mit der vorbereiteten Kichererbsenmischung.

Mit frischem Koriander belegen und sofort servieren. Guten Appetit!

Indischer Dal Makhani

(Fertig in ca. 20 Minuten | Für 6 Personen)

Pro Portion: Kalorien: 329; Fett: 8,5 g; Kohlenhydrate: 44,1 g; Protein: 16,8 g

Zutaten

3 EL Sesamöl

1 große Zwiebel, gehackt

1 Paprika, entkernt und gehackt

2 Knoblauchzehen, gehackt

1 EL Ingwer, gerieben

2 grüne Chilis, entkernt und gehackt

1 Teelöffel Kreuzkümmel

1 Lorbeer

1 Teelöffel Kurkumapulver

1/4 TL roter Paprika

1/4 Teelöffel gemahlener Piment

1/2 TL Garam Masala

1 Tasse Tomatensauce

4 Tassen Gemüsebrühe

1 ½ Tassen schwarze Linsen, über Nacht eingeweicht und abgetropft

4-5 Curryblätter, garniert h

Anweisungen

Das Sesamöl in einem Topf bei mittlerer bis hoher Hitze erhitzen. Nun die Zwiebeln und Paprika weitere 3 Minuten köcheln lassen, bis sie weich sind.

Knoblauch, Ingwer, grüne Chilis, Kreuzkümmel und Lorbeerblätter hinzufügen; Unter häufigem Rühren 1 Minute lang weiterbraten oder bis es duftet.

Die restlichen Zutaten außer den Curryblättern untermischen. Nun die Hitze zum Kochen bringen. Weitere 15 Minuten weiterkochen oder bis es vollständig gar ist.

Mit Curryblättern garnieren und heiß servieren!

Bohnenschale im mexikanischen Stil

(Fertig in ca. 1 Stunde + Abkühlzeit | 6 Portionen)

Pro Portion: Kalorien: 465; Fett: 17,9 g; Kohlenhydrate: 60,4 g; Protein: 20,2 g

Zutaten

1 Pfund rote Kidneybohnen, über Nacht eingeweicht und abgetropft

1 Tasse Maiskörner aus der Dose, abgetropft

2 geröstete Paprika, in Scheiben geschnitten

1 Chilischote, fein gehackt

1 Tasse Kirschtomaten, halbiert

1 rote Zwiebel, gehackt

1/4 Tasse frischer Koriander, gehackt

1/4 Tasse frische Petersilie, gehackt

1 TL mexikanischer Oregano

1/4 Tasse Rotweinessig

2 Esslöffel frischer Zitronensaft

1/3 Tasse natives Olivenöl extra

Meersalz und gemahlener schwarzer Pfeffer nach Geschmack

1 Avocado, geschält, entkernt und in Scheiben geschnitten

Anweisungen

Die eingeweichten Bohnen mit frischem, kaltem Wasser bedecken und zum Kochen bringen. Lassen Sie es etwa 10 Minuten kochen. Stellen Sie die Hitze auf niedrig und kochen Sie das Gericht 50–55 Minuten lang oder bis es weich ist.

Lassen Sie die Bohnen vollständig abkühlen und geben Sie sie dann in eine Salatschüssel.

Die restlichen Zutaten hinzufügen und gut vermischen. Bei Zimmertemperatur servieren.

Guten Appetit!

Klassische italienische Minestrone

(Fertig in ca. 30 Minuten | Für 5 Personen)

Pro Portion: Kalorien: 305; Fett: 8,6 g; Kohlenhydrate: 45,1 g; Protein: 14,2 g

Zutaten

2 EL Olivenöl

1 große Zwiebel, gehackt

2 Karotten, in Scheiben geschnitten

4 Knoblauchzehen, gehackt

1 Tasse Ellenbogenpaste

5 Tassen Gemüsebrühe

1 (15 Unzen) Dose weiße Bohnen, abgetropft

1 große Zucchini, gehackt

1 (28 oz.) Dose zerdrückte Tomaten

1 Esslöffel frische Oreganoblätter, gehackt

1 Esslöffel frische Basilikumblätter, gehackt

1 Esslöffel frische italienische Petersilie, gehackt

Anweisungen

Das Olivenöl in einem Schmortopf erhitzen, bis es brutzelt. Nun die Zwiebel und Karotte anbraten, bis sie weich sind.

Knoblauch, ungekochte Nudeln und Brühe hinzufügen; etwa 15 Minuten köcheln lassen.

Bohnen, Zucchini, Tomaten und Kräuter unterrühren. Zugedeckt etwa 10 Minuten weitergaren, bis alles gar ist.

Nach Belieben mit einigen weiteren Kräutern garnieren. Guten Appetit!

Grüner Linseneintopf mit Grünkohl

(Fertig in ca. 30 Minuten | Für 5 Personen)

Pro Portion: Kalorien: 415; Fett: 6,6 g; Kohlenhydrate: 71 g; Protein: 18,4 g

Zutaten

2 EL Olivenöl

1 Zwiebel, gehackt

2 Süßkartoffeln, geschält und gewürfelt

1 Paprika, gehackt

2 Karotten, gehackt

1 Pastinake, gehackt

1 Sellerie, gehackt

2 Knoblauchzehen

1 ½ Tassen grüne Linsen

1 EL italienische Kräutermischung

1 Tasse Tomatensauce

5 Tassen Gemüsebrühe

1 Tasse gefrorener Mais

1 Tasse Grünkohl, in Stücke gerissen

Anweisungen

Das Olivenöl in einem Schmortopf erhitzen, bis es brutzelt. Nun Zwiebel, Süßkartoffel, Paprika, Karotte, Pastinaken und Sellerie anbraten, bis sie weich sind.

Den Knoblauch hinzufügen und weitere 30 Sekunden weiterbraten.

Fügen Sie nun die grünen Linsen, die italienische Kräutermischung, die Tomatensauce und die Gemüsebrühe hinzu; Lassen Sie es etwa 20 Minuten köcheln, bis alles richtig gegart ist.

Fügen Sie gefrorenen Mais und Kohl hinzu; abdecken und weitere 5 Minuten köcheln lassen. Guten Appetit!

Kichererbsen-Gartengemüsemischung

(Fertig in ca. 30 Minuten | Für 4 Personen)

Pro Portion: Kalorien: 369; Fette: 18,1 g; Kohlenhydrate: 43,5 g; Protein: 13,2 g

Zutaten

2 EL Olivenöl

1 Zwiebel, fein gehackt

1 Paprika, gehackt

1 Fenchelknolle, gehackt

3 Knoblauchzehen, gehackt

2 reife Tomaten, püriert

2 Esslöffel frische Petersilie, grob gehackt

2 Esslöffel frisches Basilikum, grob gehackt

2 Esslöffel frischer Koriander, grob gehackt

2 Tassen Gemüsebrühe

14 Unzen Kichererbsen aus der Dose, abgetropft

Koscheres Salz und gemahlener schwarzer Pfeffer nach Geschmack

1/2 Teelöffel Cayennepfeffer

1 Teelöffel Paprika

1 Avocado, geschält und in Scheiben geschnitten

Anweisungen

Das Olivenöl in einem Topf mit starkem Boden bei mittlerer Hitze erhitzen. Wenn es heiß ist, braten Sie die Zwiebel, die Paprika und den Fenchel etwa 4 Minuten lang an.

Den Knoblauch etwa 1 Minute lang anbraten, bis er duftet.

Tomaten, frische Kräuter, Brühe, Kichererbsen, Salz, schwarzen Pfeffer, Cayennepfeffer und Paprika hinzufügen. Lassen Sie es etwa 20 Minuten lang köcheln, bis es gar ist, und rühren Sie dabei gelegentlich um.

Abschmecken und Gewürze anpassen. Mit frischen Avocadoscheiben garniert servieren. Guten Appetit!

Heißer Bohnendip

(Fertig in ca. 30 Minuten | Für 10 Personen)

Pro Portion: Kalorien: 175; Fett: 4,7 g; Kohlenhydrate: 24,9 g; Protein: 8,8 g

Zutaten

2 (15 oz.) Dosen Saubohnen, abgetropft

2 EL Olivenöl

2 EL Sriracha-Sauce

2 Esslöffel Nährhefe

4 Unzen veganer Frischkäse

1/2 Teelöffel Paprika

1/2 Teelöffel Cayennepfeffer

1/2 TL gemahlene Kreuzkümmelsamen

Meersalz und gemahlener schwarzer Pfeffer nach Geschmack

4 Unzen Tortillachips

Anweisungen

Beginnen Sie damit, den Ofen auf 360 Grad F vorzuheizen.

Alle Zutaten außer den Tortillachips in einer Küchenmaschine zerkleinern, bis die gewünschte Konsistenz erreicht ist.

Backen Sie Ihre Sauce im vorgeheizten Ofen etwa 25 Minuten lang oder bis sie heiß ist.

Mit Tortillachips servieren und genießen!

Sojabohnensalat nach chinesischer Art

(Fertig in ca. 10 Minuten | Für 4 Personen)

Pro Portion: Kalorien: 265; Fette: 13,7 g; Kohlenhydrate: 21 g; Protein: 18 g

Zutaten

1 (15 Unzen) Dose Sojabohnen, abgetropft

1 Tasse Rucola

1 Tasse Babyspinat

1 Tasse Grünkohl, zerkleinert

1 Zwiebel, in dünne Scheiben geschnitten

1/2 Teelöffel Knoblauch, gehackt

1 Teelöffel Ingwer, gehackt

1/2 Teelöffel Feinkostsenf

2 Esslöffel Sojasauce

1 Esslöffel Reisessig

1 EL Limettensaft

2 Esslöffel Tahini

1 Teelöffel Agavensirup

Anweisungen

Sojabohnen, Rucola, Spinat, Kohl und Zwiebeln in eine Salatschüssel geben; werfen, um zu kombinieren.

In einer kleinen Rührschüssel die restlichen Saucenzutaten verrühren.

Den Salat anrichten und sofort servieren. Guten Appetit!

Altmodischer Linsen-Gemüse-Eintopf

(Fertig in ca. 25 Minuten | Für 5 Personen)

Pro Portion: Kalorien: 475; Fette: 17,3 g; Kohlenhydrate: 61,4 g; Protein: 23,7 g

Zutaten

3 Esslöffel Olivenöl

1 große Zwiebel, gehackt

1 Karotte, gehackt

1 Paprika, gehackt

1 Habanero-Pfeffer, gehackt

3 Knoblauchzehen, gehackt

Koscheres Salz und schwarzer Pfeffer nach Geschmack

1 Teelöffel gemahlener Kreuzkümmel

1 TL geräuchertes Paprikapulver

1 (28 oz.) Dose zerdrückte Tomaten

2 EL Tomatenketchup

4 Tassen Gemüsebrühe

3/4 Pfund trockene rote Linsen, über Nacht eingeweicht und abgetropft

1 Avocado, in Scheiben geschnitten

Anweisungen

Das Olivenöl in einem Topf mit starkem Boden bei mittlerer Hitze erhitzen. Wenn es heiß ist, braten Sie die Zwiebeln, Karotten und Paprika etwa 4 Minuten lang an.

Den Knoblauch etwa 1 Minute lang anbraten.

Gewürze, Tomaten, Ketchup, Brühe und Linsen aus der Dose hinzufügen. Lassen Sie es etwa 20 Minuten lang köcheln, bis es gar ist, und rühren Sie dabei gelegentlich um.

Mit Avocadoscheiben garniert servieren. Guten Appetit!

Indisches Chana Masala

(Fertig in ca. 15 Minuten | Für 4 Personen)

Pro Portion: Kalorien: 305; Fette: 17,1 g; Kohlenhydrate: 30,1 g; Protein: 9,4 g

Zutaten

1 Tasse Tomaten, püriert

1 Kaschmir-Chilischote, gehackt

1 große Schalotte, gehackt

1 Teelöffel frischer Ingwer, geschält und gerieben

4 Esslöffel Olivenöl

2 Knoblauchzehen, gehackt

1 TL Koriandersamen

1 TL Garam Masala

1/2 TL Kurkumapulver

Meersalz und gemahlener schwarzer Pfeffer nach Geschmack

1/2 Tasse Gemüsebrühe

16 Unzen Kichererbsen aus der Dose

1 Esslöffel frischer Limettensaft

Anweisungen

In einem Mixer oder einer Küchenmaschine die Tomaten, Kaschmir-Chilis, Schalotten und Ingwer zu einer Paste vermischen.

Das Olivenöl in einem Topf bei mittlerer Hitze erhitzen. Wenn es heiß ist, kochen Sie die fertigen Nudeln und den Knoblauch etwa 2 Minuten lang.

Restliche Gewürze, Brühe und Kichererbsen hinzufügen. Bringen Sie die Hitze zum Kochen. Weitere 8 Minuten weiterkochen oder bis es gar ist.

Vom Herd nehmen. Über jede Portion frischen Limettensaft träufeln. Guten Appetit!

Rote Bohnenpastete

(Fertig in ca. 10 Minuten | Für 8 Personen)

Pro Portion: Kalorien: 135; Fette: 12,1 g; Kohlenhydrate: 4,4 g; Protein: 1,6 g

Zutaten

2 EL Olivenöl

1 Zwiebel, gehackt

1 Paprika, gehackt

2 Knoblauchzehen, gehackt

2 Tassen rote Bohnen, gekocht und abgetropft

1/4 Tasse Olivenöl

1 TL gemahlener Senf

2 Esslöffel frische Petersilie, gehackt

2 Esslöffel frisches Basilikum, gehackt

Meersalz und gemahlener schwarzer Pfeffer nach Geschmack

Anweisungen

Das Olivenöl in einem Topf bei mittlerer bis hoher Hitze erhitzen. Kochen Sie nun die Zwiebel, die Paprika und den Knoblauch etwa 3 Minuten lang, bis sie weich sind.

Geben Sie die frittierte Mischung in Ihren Mixer. Restliche Zutaten hinzufügen. Die Zutaten in einem Mixer oder einer Küchenmaschine pürieren, bis sie glatt und cremig sind.

Guten Appetit!

Braune Linsenschüssel

(Fertig in ca. 20 Minuten + Abkühlzeit | Für 4 Personen)

Pro Portion: Kalorien: 452; Fett: 16,6 g; Kohlenhydrate: 61,7 g; Protein: 16,4 g

Zutaten

1 Tasse braune Linsen, über Nacht eingeweicht und abgetropft

3 Tassen Wasser

2 Tassen brauner Reis, gekocht

1 Zucchini, gehackt

1 rote Zwiebel, gehackt

1 Teelöffel Knoblauch, gehackt

1 Gurke, in Scheiben geschnitten

1 Paprika, in Scheiben geschnitten

4 Esslöffel Olivenöl

1 Esslöffel Reisessig

2 Esslöffel Zitronensaft

2 Esslöffel Sojasauce

1/2 Teelöffel getrockneter Oregano

1/2 TL gemahlene Kreuzkümmelsamen

Meersalz und gemahlener schwarzer Pfeffer nach Geschmack

2 Tassen Rucola

2 Tassen Römersalat, in Stücke gerissen

Anweisungen

Braune Linsen und Wasser in einen Topf geben und bei starker Hitze zum Kochen bringen. Dann die Hitze auf niedrig stellen und 20 Minuten weitergaren, bis es weich ist.

Die Linsen in eine Salatschüssel geben und vollständig abkühlen lassen.

Die restlichen Zutaten hinzufügen und gut vermischen. Bei Zimmertemperatur oder gut gekühlt servieren. Guten Appetit!

Scharfe und würzige Anasazi-Bohnensuppe

(Fertigzeit ca. 1 Stunde 10 Minuten | Für 5 Personen)

Pro Portion: Kalorien: 352; Fett: 8,5 g; Kohlenhydrate: 50,1 g; Protein: 19,7 g

Zutaten

2 Tassen Anasazi-Bohnen, über Nacht eingeweicht, abgetropft und abgespült

8 Tassen Wasser

2 Lorbeerblätter

3 Esslöffel Olivenöl

2 mittelgroße Zwiebeln, gehackt

2 Paprika, gehackt

1 Habanero-Pfeffer, gehackt

3 Knoblauchzehen, gepresst oder gehackt

Meersalz und gemahlener schwarzer Pfeffer nach Geschmack

Anweisungen

Anasazi-Bohnen und Wasser in einem Suppentopf zum Kochen bringen. Wenn es kocht, stellen Sie die Hitze auf köcheln. Lorbeerblätter hinzufügen und etwa 1 Stunde köcheln lassen, bis sie weich sind.

Gleichzeitig das Olivenöl in einem Topf mit starkem Boden bei mittlerer bis hoher Hitze erhitzen. Nun Zwiebel, Paprika und Knoblauch ca. 4 Minuten anbraten, bis sie weich sind.

Die frittierte Mischung zu den gekochten Bohnen geben. Mit Salz und schwarzem Pfeffer würzen.

Unter gelegentlichem Rühren weitere 10 Minuten kochen lassen oder bis alles gar ist. Guten Appetit!

Schwarzäugiger Erbsensalat (Ñebbe)

(Fertig in ca. 1 Stunde | Für 5 Personen)

Pro Portion: Kalorien: 471; Fett: 17,5 g; Kohlenhydrate: 61,5 g; Protein: 20,6 g

Zutaten

2 Tassen getrocknete Schwarzaugenerbsen, über Nacht eingeweicht und abgetropft

2 EL Basilikumblätter, gehackt

2 EL Petersilienblätter, gehackt

1 Schalotte, gehackt

1 Gurke, in Scheiben geschnitten

2 Paprika, entkernt und gewürfelt

1 Scotch-Bonnet-Chili, entkernt und fein gehackt

1 Tasse Kirschtomaten, geviertelt

Meersalz und gemahlener schwarzer Pfeffer nach Geschmack

2 EL frischer Limettensaft

1 Esslöffel Apfelessig

1/4 Tasse natives Olivenöl extra

1 Avocado, geschält, entkernt und in Scheiben geschnitten

Anweisungen

Bedecken Sie die Schwarzaugenerbsen 5 cm mit Wasser und bringen Sie sie leicht zum Kochen. Etwa 15 Minuten kochen lassen.

Dann etwa 45 Minuten kochen lassen. Vollständig abkühlen lassen.

Die Schwarzaugenerbsen in eine Salatschüssel geben. Basilikum, Petersilie, Schalotten, Gurke, Paprika, Kirschtomaten, Salz und schwarzen Pfeffer hinzufügen.

Limettensaft, Essig und Olivenöl in einer Rührschüssel verquirlen.

Den Salat anrichten, mit frischer Avocado garnieren und sofort servieren. Guten Appetit!

Mama war berühmt für Chili

(Fertigzeit ca. 1 Stunde 30 Minuten | Für 5 Personen)

Pro Portion: Kalorien: 455; Fett: 10,5 g; Kohlenhydrate: 68,6 g; Protein: 24,7 g

Zutaten

1 Pfund rote schwarze Bohnen, über Nacht eingeweicht und abgetropft

3 Esslöffel Olivenöl

1 große rote Zwiebel, gehackt

2 Paprika, gehackt

1 Poblano-Pfeffer, gehackt

1 große Karotte, gehackt und gewürfelt

2 Knoblauchzehen, gehackt

2 Lorbeerblätter

1 Teelöffel gemischte Pfefferkörner

Koscheres Salz und Cayennepfeffer nach Geschmack

1 Esslöffel Paprika

2 reife Tomaten, püriert

2 EL Tomatenketchup

3 Tassen Gemüsebrühe

Anweisungen

Die eingeweichten Bohnen mit frischem, kaltem Wasser bedecken und zum Kochen bringen. Lassen Sie es etwa 10 Minuten kochen. Stellen Sie die Hitze auf niedrig und kochen Sie das Gericht 50–55 Minuten lang oder bis es weich ist.

Das Olivenöl in einem Topf mit starkem Boden bei mittlerer Hitze erhitzen. Wenn es heiß ist, bräunen Sie die Zwiebel, die Paprika und die Karotte an.

Braten Sie den Knoblauch etwa 30 Sekunden lang oder bis er aromatisch wird.

Die restlichen Zutaten zusammen mit den gekochten Bohnen hinzufügen. Lassen Sie es 25–30 Minuten lang köcheln, bis es gar ist, und rühren Sie dabei gelegentlich um.

Die Lorbeerblätter wegwerfen, in separate Schüsseln füllen und heiß servieren!

Cremiger Kichererbsensalat mit Pinienkernen

(Fertig in ca. 10 Minuten | Für 4 Personen)

Pro Portion: Kalorien: 386; Fett: 22,5 g; Kohlenhydrate: 37,2 g; Protein: 12,9 g

Zutaten

16 Unzen Kichererbsen aus der Dose, abgetropft

1 Teelöffel Knoblauch, gehackt

1 Schalotte, gehackt

1 Tasse Kirschtomaten, halbiert

1 Paprika, entkernt und in Scheiben geschnitten

1/4 Tasse frisches Basilikum, gehackt

1/4 Tasse frische Petersilie, gehackt

1/2 Tasse vegane Mayonnaise

1 Esslöffel Zitronensaft

1 Teelöffel Kapern, abgetropft

Meersalz und gemahlener schwarzer Pfeffer nach Geschmack

2 Unzen Pinienkerne

Anweisungen

Kichererbsen, Gemüse und Kräuter in eine Salatschüssel geben.

Mayonnaise, Zitronensaft, Kapern, Salz und schwarzen Pfeffer hinzufügen. Zum Mischen umrühren.

Mit Pinienkernen bestreuen und sofort servieren. Guten Appetit!

Schwarze Bohnen-Buddha-Schüssel

(Fertig in ca. 1 Stunde | Für 4 Personen)

Pro Portion: Kalorien: 365; Fette: 14,1 g; Kohlenhydrate: 45,6 g; Protein: 15,5 g

Zutaten

1/2 Pfund schwarze Bohnen, über Nacht eingeweicht und abgetropft

2 Tassen brauner Reis, gekocht

1 mittelgroße Zwiebel, in dünne Scheiben geschnitten

1 Tasse Paprika, entkernt und in Scheiben geschnitten

1 Jalapenopfeffer, entkernt und in Scheiben geschnitten

2 Knoblauchzehen, gehackt

1 Tasse Rucola

1 Tasse Babyspinat

1 TL Limettenschale

1 EL Dijon-Senf

1/4 Tasse Rotweinessig

1/4 Tasse natives Olivenöl extra

2 Esslöffel Agavensirup

Meersalzflocken und gemahlener schwarzer Pfeffer nach Geschmack

1/4 Tasse frische italienische Petersilie, grob gehackt

Anweisungen

Die eingeweichten Bohnen mit frischem, kaltem Wasser bedecken und zum Kochen bringen. Lassen Sie es etwa 10 Minuten kochen. Stellen Sie die Hitze auf niedrig und kochen Sie das Gericht 50–55 Minuten lang oder bis es weich ist.

Zum Servieren Bohnen und Reis auf Schüsseln verteilen; vor allem Gemüse.

In einer kleinen Rührschüssel Limettenschale, Senf, Essig, Olivenöl, Agavensirup, Salz und Pfeffer gründlich vermischen. Die Vinaigrette über den Salat träufeln.

Mit frischer italienischer Petersilie garnieren. Guten Appetit!

Kichererbseneintopf aus dem Nahen Osten

(Fertig in ca. 20 Minuten | Für 4 Personen)

Pro Portion: Kalorien: 305; Fette: 11,2 g; Kohlenhydrate: 38,6 g; Protein: 12,7 g

Zutaten

1 Zwiebel, gehackt

1 Chilischote, gehackt

2 Knoblauchzehen, gehackt

1 Teelöffel Senfkörner

1 TL Koriandersamen

1 Lorbeerblatt

1/2 Tasse Tomatenpüree

2 EL Olivenöl

1 Sellerie mit Blättern, gehackt

2 mittelgroße Karotten, in Scheiben geschnitten und gewürfelt

2 Tassen Gemüsebrühe

1 Teelöffel gemahlener Kreuzkümmel

1 kleine Zimtstange

16 Unzen Kichererbsen aus der Dose, abgetropft

2 Tassen geriebener Mangold

Anweisungen

In einem Mixer oder einer Küchenmaschine Zwiebel, Chilischote, Knoblauch, Senfkörner, Koriandersamen, Lorbeerblatt und Tomatenpüree zu einer Paste vermischen.

Das Olivenöl in einem Topf erhitzen, bis es brutzelt. Kochen Sie nun den Sellerie und die Karotten etwa 3 Minuten lang oder bis sie weich sind. Die Nudeln hinzufügen und weitere 2 Minuten kochen lassen.

Anschließend Kreuzkümmel, Zimt und Kichererbsen in die Gemüsebrühe geben; sanft zum Kochen bringen.

Die Hitze auf köcheln lassen und 6 Minuten kochen lassen; Den Mangold unterheben und weitere 4-5 Minuten kochen lassen oder bis die Blätter welk sind. Heiß servieren und genießen!

Linsen- und Tomatensauce

(Fertig in ca. 10 Minuten | Für 8 Personen)

Pro Portion: Kalorien: 144; Fett: 4,5 g; Kohlenhydrate: 20,2 g; Protein: 8,1 g

Zutaten

16 Unzen Linsen, gekocht und abgetropft

4 EL sonnengetrocknete Tomaten, gehackt

1 Tasse Tomatenmark

4 Esslöffel Tahini

1 TL gemahlener Senf

1 Teelöffel gemahlener Kreuzkümmel

1/4 TL gemahlenes Lorbeerblatt

1 TL rote Paprikaflocken

Meersalz und gemahlener schwarzer Pfeffer nach Geschmack

Anweisungen

Alle Zutaten in einem Mixer oder einer Küchenmaschine mixen, bis die gewünschte Konsistenz erreicht ist.

Zum Servieren kühl stellen.

Mit gerösteten Pita-Scheiben oder Gemüsesticks servieren. Genießen!

Cremiger grüner Erbsensalat

(Fertig in ca. 10 Minuten + Abkühlzeit | 6 Portionen)

Pro Portion: Kalorien: 154; Fett: 6,7 g; Kohlenhydrate: 17,3 g; Protein: 6,9 g

Zutaten

2 (14,5 oz) Dosen grüne Erbsen, abgetropft

1/2 Tasse vegane Mayonnaise

1 TL Dijon-Senf

2 Esslöffel Frühlingszwiebel, gehackt

2 Gurken, gehackt

1/2 Tasse eingelegte Pilze, gehackt und abgetropft

1/2 Teelöffel Knoblauch, gehackt

Meersalz und gemahlener schwarzer Pfeffer nach Geschmack

Anweisungen

Alle Zutaten in eine Salatschüssel geben. Zum Kombinieren vorsichtig umrühren.

Den Salat zum Servieren in den Kühlschrank stellen.

Guten Appetit!

Za'atari-Hummus aus dem Nahen Osten

(Fertig in ca. 10 Minuten | Für 8 Personen)

Pro Portion: Kalorien: 140; Fett: 8,5 g; Kohlenhydrate: 12,4 g; Protein: 4,6 g

Zutaten

10 Unzen Kichererbsen, gekocht und abgetropft

1/4 Tasse Tahini

2 EL natives Olivenöl extra

2 EL sonnengetrocknete Tomaten, gehackt

1 Zitrone, frisch gepresst

2 Knoblauchzehen, gehackt

Koscheres Salz und gemahlener schwarzer Pfeffer nach Geschmack

1/2 TL geräuchertes Paprikapulver

1 Teelöffel Za'atari

Anweisungen

Alle Zutaten in einer Küchenmaschine pürieren, bis eine glatte und cremige Masse entsteht.

Zum Servieren kühl stellen.

Guten Appetit!

Linsensalat mit Pinienkernen

(Fertig in ca. 20 Minuten + Abkühlzeit | 3 Portionen)

Pro Portion: Kalorien: 332; Fett: 19,7 g; Kohlenhydrate: 28,2 g; Protein: 12,2 g

Zutaten

1/2 Tasse braune Linsen

1 ½ Tassen Gemüsebrühe

1 Karotte, in Stifte geschnitten

1 kleine Zwiebel, gehackt

1 Gurke, in Scheiben geschnitten

2 Knoblauchzehen, gehackt

3 Esslöffel natives Olivenöl extra

1 Esslöffel Rotweinessig

2 Esslöffel Zitronensaft

2 EL Basilikum, gehackt

2 EL Petersilie, gehackt

2 EL Schnittlauch, gehackt

Meersalz und gemahlener schwarzer Pfeffer nach Geschmack

2 EL Pinienkerne, grob gehackt

Anweisungen

Die braunen Linsen und die Gemüsebrühe in den Topf geben und bei starker Hitze zum Kochen bringen. Dann die Hitze auf niedrig stellen und 20 Minuten weitergaren, bis es weich ist.

Die Linsen in eine Salatschüssel geben.

Das Gemüse dazugeben und gut vermischen. Öl, Essig, Zitronensaft, Basilikum, Petersilie, Schnittlauch, Salz und schwarzen Pfeffer in einer Rührschüssel verquirlen.

Den Salat garnieren, mit Pinienkernen garnieren und bei Zimmertemperatur servieren. Guten Appetit!

Scharfer Anasazi-Bohnensalat

(Fertig in ca. 1 Stunde | Für 5 Personen)

Pro Portion: Kalorien: 482; Fette: 23,1 g; Kohlenhydrate: 54,2 g; Protein: 17,2 g

Zutaten

2 Tassen Anasazi-Bohnen, über Nacht eingeweicht, abgetropft und abgespült

6 Tassen Wasser

1 Poblano-Pfeffer, gehackt

1 Zwiebel, gehackt

1 Tasse Kirschtomaten, halbiert

2 Tassen gemischtes Grün, gehackte Tonne

Kleidung:

1 Teelöffel Knoblauch, gehackt

1/2 Tasse natives Olivenöl extra

1 Esslöffel Zitronensaft

2 EL Rotweinessig

1 EL gemahlener Senf

1 EL Sojasauce

1/2 Teelöffel getrockneter Oregano

1/2 Teelöffel getrocknetes Basilikum

Meersalz und gemahlener schwarzer Pfeffer nach Geschmack, z

Anweisungen

Die Anasazi-Bohnen und das Wasser in einem Topf zum Kochen bringen. Wenn es kocht, stellen Sie die Hitze auf eine niedrige Stufe und lassen Sie es etwa eine Stunde lang köcheln, bis es weich ist.

Die gekochten Bohnen abgießen und in eine Salatschüssel geben; Fügen Sie dem Salat weitere Zutaten hinzu.

Als nächstes verrühren Sie in einer kleinen Rührschüssel alle Saucenzutaten, bis alles gut vermischt ist. Den Salat anrichten und mischen. Bei Zimmertemperatur servieren und genießen!

Traditioneller Mnazaleh-Eintopf

(Fertig in ca. 25 Minuten | Für 4 Personen)

Pro Portion: Kalorien: 439; Fett: 24g; Kohlenhydrate: 44,9 g; Protein: 13,5 g

Zutaten

4 Esslöffel Olivenöl

1 Zwiebel, gehackt

1 große Aubergine, geschält und gewürfelt

1 Tasse Karotte, gehackt

2 Knoblauchzehen, gehackt

2 große Tomaten, püriert

1 TL Baharati-Gewürz

2 Tassen Gemüsebrühe

14 Unzen Kichererbsen aus der Dose, abgetropft

Koscheres Salz und gemahlener schwarzer Pfeffer nach Geschmack

1 mittelgroße Avocado, entkernt, geschält und in Scheiben geschnitten

Anweisungen

Das Olivenöl in einem Topf mit starkem Boden bei mittlerer Hitze erhitzen. Wenn es heiß ist, braten Sie die Zwiebel, die Aubergine und die Karotte etwa 4 Minuten lang an.

Den Knoblauch etwa 1 Minute lang anbraten, bis er duftet.

Tomaten, Baharati-Gewürz, Brühe und Kichererbsen aus der Dose hinzufügen. Lassen Sie es etwa 20 Minuten lang köcheln, bis es gar ist, und rühren Sie dabei gelegentlich um.

Mit Salz und Pfeffer würzen. Mit frischen Avocadoscheiben servieren. Guten Appetit!

Pfefferroter Linsenaufstrich

(Fertig in ca. 25 Minuten | Für 9 Personen)

Pro Portion: Kalorien: 193; Fett: 8,5 g; Kohlenhydrate: 22,3 g; Protein: 8,5 g

Zutaten

1 ½ Tassen rote Linsen, über Nacht eingeweicht und abgetropft

4 ½ Tassen Wasser

1 Zweig Rosmarin

2 Lorbeerblätter

2 geröstete Paprika, entkernt und gewürfelt

1 Schalotte, gehackt

2 Knoblauchzehen, gehackt

1/4 Tasse Olivenöl

2 Esslöffel Tahini

Meersalz und gemahlener schwarzer Pfeffer nach Geschmack

Anweisungen

Rote Linsen, Wasser, Rosmarin und Lorbeerblätter in einen Topf geben und bei starker Hitze zum Kochen bringen. Dann die Hitze auf niedrig stellen und 20 Minuten weitergaren, bis es weich ist.

Geben Sie die Linsen in eine Küchenmaschine.

Die restlichen Zutaten hinzufügen und verrühren, bis alles gut vermischt ist.

Guten Appetit!

Im Wok gebratene würzige Zuckerschoten

(Fertig in ca. 10 Minuten | Für 4 Personen)

Pro Portion: Kalorien: 196; Fette: 8,7 g; Kohlenhydrate: 23 g; Protein: 7,3 g

Zutaten

2 EL Sesamöl

1 Zwiebel, gehackt

1 Karotte, in Scheiben geschnitten und gewürfelt

1 TL Ingwer-Knoblauch-Paste

1 Pfund Zuckerschoten

Szechuanpfeffer nach Geschmack

1 Teelöffel Sriracha-Sauce

2 Esslöffel Sojasauce

1 Esslöffel Reisessig

Anweisungen

Das Sesamöl im Wok erhitzen, bis es brutzelt. Nun die Zwiebel und die Karotte unter Rühren 2 Minuten lang anbraten, bis sie knusprig sind.

Die Ingwer-Knoblauch-Paste hinzufügen und weitere 30 Sekunden kochen lassen.

Zuckerschoten dazugeben und bei starker Hitze ca. 3 Minuten braten, bis sie leicht verkohlt sind.

Anschließend Pfeffer, Sriracha, Sojasauce und Reisessig unterrühren und eine weitere Minute unter Rühren braten. Sofort servieren und genießen!

Schnelles Chili für jeden Tag

(Fertig in ca. 35 Minuten | Für 5 Personen)

Pro Portion: Kalorien: 345; Fette: 8,7 g; Kohlenhydrate: 54,5 g; Protein: 15,2 g

Zutaten

2 EL Olivenöl

1 große Zwiebel, gehackt

1 Sellerieblatt, geputzt und gewürfelt

1 Karotte, gehackt und gewürfelt

1 Süßkartoffel, geschält und gewürfelt

3 Knoblauchzehen, gehackt

1 Jalapenopfeffer, gehackt

1 Teelöffel Cayennepfeffer

1 TL Koriandersamen

1 Teelöffel Fenchelsamen

1 Teelöffel Paprika

2 Tassen gedünstete Tomaten, zerdrückt

2 EL Tomatenketchup

2 Teelöffel veganes Brühegranulat

1 Tasse Wasser

1 Tasse Zwiebelcremesuppe

2 Pfund Pintobohnen aus der Dose, abgetropft

1 Limette, in Scheiben geschnitten

Anweisungen

Das Olivenöl in einem Topf mit starkem Boden bei mittlerer Hitze erhitzen. Wenn es heiß ist, braten Sie die Zwiebel, den Sellerie, die Karotte und die Süßkartoffel etwa 4 Minuten lang an.

Knoblauch und Jalapenopfeffer etwa 1 Minute anbraten.

Gewürze, Tomaten, Ketchup, veganes Bouillongranulat, Wasser, Zwiebelcremesuppe und Bohnen aus der Dose hinzufügen. Lassen Sie es etwa 30 Minuten lang köcheln oder bis es gar ist, und rühren Sie dabei gelegentlich um.

Mit Limettenspalten servieren. Guten Appetit!

Cremiger Schwarzaugen-Erbsensalat

(Fertig in ca. 1 Stunde | Für 5 Personen)

Pro Portion: Kalorien: 325; Fett: 8,6 g; Kohlenhydrate: 48,2 g; Protein: 17,2 g

Zutaten

1 ½ Tassen Schwarzaugenerbsen, über Nacht eingeweicht und abgetropft

4 Zwiebelstiele, in Scheiben geschnitten

1 Karotte, Julienne

1 Tasse Grünkohl, zerkleinert

2 Paprika, entkernt und gehackt

2 mittelgroße Tomaten, gehackt

1 Esslöffel sonnengetrocknete Tomaten, gehackt

1 Teelöffel Knoblauch, gehackt

1/2 Tasse vegane Mayonnaise

1 EL Limettensaft

1/4 Tasse Weißweinessig

Meersalz und gemahlener schwarzer Pfeffer nach Geschmack

Anweisungen

Bedecken Sie die Schwarzaugenerbsen 5 cm mit Wasser und bringen Sie sie leicht zum Kochen. Etwa 15 Minuten kochen lassen.

Dann etwa 45 Minuten kochen lassen. Vollständig abkühlen lassen.

Die Schwarzaugenerbsen in eine Salatschüssel geben. Die restlichen Zutaten hinzufügen und gut vermischen. Guten Appetit!

Mit Kichererbsen gefüllte Avocados

(Fertig in ca. 10 Minuten | Für 4 Personen)

Pro Portion: Kalorien: 205; Fett: 15,2 g; Kohlenhydrate: 16,8 g; Protein: 4,1 g

Zutaten

2 Avocados, entkernt und halbiert

1/2 Zitrone, frisch gepresst

4 Esslöffel Frühlingszwiebeln, gehackt

1 Knoblauchzehe, gehackt

1 mittelgroße Tomate, gehackt

1 Paprika, entkernt und gehackt

1 rote Chilischote, entkernt und gehackt

2 Unzen Kichererbsen, gekocht oder gehackt, abgetropft

Koscheres Salz und gemahlener schwarzer Pfeffer nach Geschmack

Anweisungen

Legen Sie die Avocados auf eine Servierplatte. Über jede Avocado Zitronensaft auspressen.

In einer Schüssel die restlichen Füllzutaten vorsichtig vermischen, bis alles gut vermischt ist.

Die Avocados mit der vorbereiteten Mischung füllen und sofort servieren. Guten Appetit!

Schwarze Bohnensuppe

(Fertigzeit ca. 1 Stunde 50 Minuten | Für 4 Personen)

Pro Portion: Kalorien: 505; Fett: 11,6 g; Kohlenhydrate: 80,3 g; Protein: 23,2 g

Zutaten

2 Tassen schwarze Bohnen, über Nacht eingeweicht und abgetropft

1 Zweig Thymian

2 EL Kokosöl

2 Zwiebeln, gehackt

1 Selleriestange, gehackt

1 Karotte, geschält und gehackt

1 italienischer Pfeffer, entkernt und gehackt

1 Chilischote, entkernt und gehackt

4 Knoblauchzehen, gepresst oder gehackt

Meersalz und frisch gemahlener schwarzer Pfeffer nach Geschmack

1/2 TL gemahlene Kreuzkümmelsamen

1/4 TL gemahlenes Lorbeerblatt

1/4 Teelöffel gemahlener Piment

1/2 Teelöffel getrocknetes Basilikum

4 Tassen Gemüsebrühe

1/4 Tasse frischer Koriander, gehackt

2 Unzen Tortillachips

Anweisungen

Die Bohnen und 6 Tassen Wasser in einem Suppentopf zum Kochen bringen. Wenn es kocht, stellen Sie die Hitze auf köcheln. Fügen Sie einen Zweig Thymian hinzu und kochen Sie es etwa 1 Stunde und 30 Minuten lang oder bis es weich ist.

In der Zwischenzeit das Öl in einem Topf mit starkem Boden bei mittlerer bis hoher Hitze erhitzen. Nun Zwiebel, Sellerie, Karotte und Paprika ca. 4 Minuten anbraten, bis sie weich sind.

Dann den Knoblauch etwa 1 Minute lang anbraten, bis er duftet.

Die frittierte Mischung zu den gekochten Bohnen geben. Anschließend Salz, schwarzen Pfeffer, Kreuzkümmel, gemahlenes Lorbeerblatt, gemahlenen Piment, getrocknetes Basilikum und Gemüsebrühe hinzufügen.

Unter gelegentlichem Rühren weitere 15 Minuten kochen lassen oder bis alles gar ist.

Mit frischem Koriander und Tortillachips garnieren. Guten Appetit!

Beluga-Linsensalat mit Kräutern

(Fertig in ca. 20 Minuten + Abkühlzeit | Für 4 Personen)

Pro Portion: Kalorien: 364; Fett: 17g; Kohlenhydrate: 40,2 g; Protein: 13,3 g

Zutaten

1 Tasse rote Linsen

3 Tassen Wasser

1 Tasse Traubentomaten, halbiert

1 grüne Paprika, entkernt und gewürfelt

1 rote Paprika, entkernt und gewürfelt

1 rote Chilischote, entkernt und gewürfelt

1 Gurke, in Scheiben geschnitten

4 Esslöffel Schalotten, gehackt

2 Esslöffel frische Petersilie, grob gehackt

2 Esslöffel frischer Koriander, grob gehackt

2 Esslöffel frischer Schnittlauch, grob gehackt

2 Esslöffel frisches Basilikum, grob gehackt

1/4 Tasse Olivenöl

1/2 Teelöffel Kreuzkümmel

1/2 Teelöffel Ingwer, gehackt

1/2 Teelöffel Knoblauch, gehackt

1 Teelöffel Agavensirup

2 Esslöffel frischer Zitronensaft

1 Teelöffel Zitronenschale

Meersalz und gemahlener schwarzer Pfeffer nach Geschmack

2 Unzen schwarze Oliven, entkernt und halbiert

Anweisungen

Braune Linsen und Wasser in einen Topf geben und bei starker Hitze zum Kochen bringen. Dann die Hitze auf niedrig stellen und 20 Minuten weitergaren, bis es weich ist.

Die Linsen in eine Salatschüssel geben.

Gemüse und Kräuter dazugeben und gut vermischen. Öl, Kreuzkümmel, Ingwer, Knoblauch, Agavensirup, Zitronensaft, Zitronenschale, Salz und schwarzen Pfeffer in einer Rührschüssel verquirlen.

Den Salat garnieren, mit Oliven garnieren und bei Zimmertemperatur servieren. Guten Appetit!

Italienischer Bohnensalat

(Fertig in ca. 1 Stunde + Abkühlzeit | Für 4 Personen)

Pro Portion: Kalorien: 495; Fette: 21,1 g; Kohlenhydrate: 58,4 g; Protein: 22,1 g

Zutaten

3/4 Pfund Cannellini-Bohnen, über Nacht eingeweicht und abgetropft

2 Tassen Blumenkohlröschen

1 rote Zwiebel, in dünne Scheiben geschnitten

1 Teelöffel Knoblauch, gehackt

1/2 Teelöffel Ingwer, gehackt

1 Jalapenopfeffer, gehackt

1 Tasse Traubentomaten, geviertelt

1/3 Tasse natives Olivenöl extra

1 EL Limettensaft

1 TL Dijon-Senf

1/4 Tasse weißer Essig

2 Knoblauchzehen, gepresst

1 Teelöffel italienische Kräutermischung

Koscheres Salz und gemahlener schwarzer Pfeffer zum Würzen

2 Unzen grüne Oliven, entkernt und in Scheiben geschnitten

Anweisungen

Die eingeweichten Bohnen mit frischem, kaltem Wasser bedecken und zum Kochen bringen. Lassen Sie es etwa 10 Minuten kochen. Stellen Sie die Hitze auf niedrig und kochen Sie das Ganze 60 Minuten lang oder bis es weich ist.

In der Zwischenzeit die Blumenkohlröschen etwa 6 Minuten kochen, bis sie weich sind.

Bohnen und Blumenkohl vollständig abkühlen lassen; Geben Sie sie dann in eine Salatschüssel.

Die restlichen Zutaten hinzufügen und gut vermischen. Abschmecken und Gewürze anpassen.

Guten Appetit!

Mit weißen Bohnen gefüllte Tomaten

(Fertig in ca. 10 Minuten | Für 3 Personen)

Pro Portion: Kalorien: 245; Fett: 14,9 g; Kohlenhydrate: 24,4 g; Protein: 5,1 g

Zutaten

3 mittelgroße Tomaten, eine dünne Scheibe von der Oberseite abschneiden und das Fruchtfleisch entfernen

1 Karotte, gerieben

1 rote Zwiebel, gehackt

1 Knoblauchzehe, geschält

1/2 Teelöffel getrocknetes Basilikum

1/2 Teelöffel getrockneter Oregano

1 Teelöffel getrockneter Rosmarin

3 Esslöffel Olivenöl

3 Unzen weiße Bohnen aus der Dose, abgetropft

3 Unzen Zuckermaiskörner, aufgetaut

1/2 Tasse Tortillachips, zerkleinert

Anweisungen

Legen Sie Ihre Tomaten auf eine Servierplatte.

Die restlichen Zutaten für die Füllung in einer Schüssel vermischen, bis alles gut vermischt ist.

Die Avocados füllen und sofort servieren. Guten Appetit!

Winterliche Schwarzaugenerbsensuppe

(Fertig in ca. 1 Stunde und 5 Minuten | Für 5 Personen)

Pro Portion: Kalorien: 147; Fett: 6 g; Kohlenhydrate: 13,5 g; Protein: 7,5 g

Zutaten

2 EL Olivenöl

1 Zwiebel, gehackt

1 Karotte, gehackt

1 Pastinake, gehackt

1 Tasse Fenchelknollen, gehackt

2 Knoblauchzehen, gehackt

2 Tassen getrocknete Schwarzaugenerbsen, über Nacht eingeweicht

5 Tassen Gemüsebrühe

Zum Würzen koscheres Salz und frisch gemahlener schwarzer Pfeffer

Anweisungen

Das Olivenöl in einem Schmortopf bei mittlerer bis hoher Hitze erhitzen. Wenn es heiß ist, bräunen Sie die Zwiebel, die Karotte, die Pastinake und den Fenchel 3 Minuten lang oder bis sie weich sind.

Fügen Sie den Knoblauch hinzu und braten Sie ihn 30 Sekunden lang oder bis er duftet.

Erbsen, Gemüsebrühe, Salz und schwarzen Pfeffer hinzufügen. Teilweise abgedeckt noch 1 Stunde weitergaren oder bis es gar ist.

Guten Appetit!

Rote-Bohnen-Patties

(Fertig in ca. 15 Minuten | Für 4 Personen)

Pro Portion: Kalorien: 318; Fette: 15,1 g; Kohlenhydrate: 36,5 g; Protein: 10,9 g

Zutaten

12 Unzen rote Kidneybohnen aus der Dose oder gekocht, abgetropft

1/3 Tasse altmodische Haferflocken

1/4 Tasse Allzweckmehl

1 Teelöffel Backpulver

1 kleine Schalotte, gehackt

2 Knoblauchzehen, gehackt

Meersalz und gemahlener schwarzer Pfeffer nach Geschmack

1 Teelöffel Paprika

1/2 TL Chilipulver

1/2 TL gemahlenes Lorbeerblatt

1/2 TL gemahlene Kreuzkümmelsamen

1 Chia-Ei

4 Esslöffel Olivenöl

Anweisungen

Die Bohnen in eine Rührschüssel geben und mit einer Gabel zerkleinern.

Bohnen, Haferflocken, Mehl, Backpulver, Schalotten, Knoblauch, Salz, schwarzer Pfeffer, Paprika, Chilipulver, gemahlenes Lorbeerblatt, Kreuzkümmel und Chia-Ei gründlich vermischen.

Aus der Masse vier Brote formen.

Anschließend das Olivenöl in einer Bratpfanne bei mäßig hoher Hitze erhitzen. Die Patties etwa 8 Minuten braten, dabei ein- bis zweimal wenden.

Mit Ihren Lieblingszutaten servieren. Guten Appetit!

Hausgemachte Erbsenburger

(Fertig in ca. 15 Minuten | Für 4 Personen)

Pro Portion: Kalorien: 467; Fette: 19,1 g; Kohlenhydrate: 58,5 g; Protein: 15,8 g

Zutaten

1 Pfund grüne Erbsen, gefroren und aufgetaut

1/2 Tasse Kichererbsenmehl

1/2 Tasse Mehl

1/2 Tasse Semmelbrösel

1 Teelöffel Backpulver

2 Leinsameneier

1 Teelöffel Paprika

1/2 Teelöffel getrocknetes Basilikum

1/2 Teelöffel getrockneter Oregano

Meersalz und gemahlener schwarzer Pfeffer nach Geschmack

4 Esslöffel Olivenöl

4 Hamburgerbrötchen

Anweisungen

In einer Schüssel grüne Erbsen, Mehl, Semmelbrösel, Backpulver, Leinsameneier, Paprika, Basilikum, Oregano, Salz und schwarzen Pfeffer gründlich vermischen.

Aus der Masse vier Brote formen.

Anschließend das Olivenöl in einer Bratpfanne bei mäßig hoher Hitze erhitzen. Die Patties etwa 8 Minuten braten, dabei ein- bis zweimal wenden.

Den Burger auf Brötchen servieren und genießen!

Eintopf mit schwarzen Bohnen und Spinat

(Fertigzeit ca. 1 Stunde 35 Minuten | Für 4 Personen)

Pro Portion: Kalorien: 459; Fette: 9,1 g; Kohlenhydrate: 72 g; Protein: 25,4 g

Zutaten

2 Tassen schwarze Bohnen, über Nacht eingeweicht und abgetropft

2 EL Olivenöl

1 Zwiebel, geschält, halbiert

1 Jalapenopfeffer, in Scheiben geschnitten

2 Paprika, entkernt und in Scheiben geschnitten

1 Tasse Champignons, in Scheiben geschnitten

2 Knoblauchzehen, gehackt

2 Tassen Gemüsebrühe

1 Teelöffel Paprika

Koscheres Salz und gemahlener schwarzer Pfeffer nach Geschmack

1 Lorbeerblatt

2 Tassen Spinat, in Stücke gerissen

Anweisungen

Die eingeweichten Bohnen mit frischem, kaltem Wasser bedecken und zum Kochen bringen. Lassen Sie es etwa 10 Minuten kochen. Stellen Sie die Hitze auf niedrig und kochen Sie das Gericht 50–55 Minuten lang oder bis es weich ist.

Das Olivenöl in einem Topf mit starkem Boden bei mittlerer Hitze erhitzen. Wenn es heiß ist, braten Sie die Zwiebeln und Paprika etwa 3 Minuten lang an.

Den Knoblauch und die Pilze etwa drei Minuten lang anbraten, bis die Pilze ihre Flüssigkeit abgeben und der Knoblauch duftet.

Gemüsebrühe, Paprika, Salz, schwarzen Pfeffer, Lorbeerblatt und gekochte Bohnen hinzufügen. Lassen Sie es etwa 25 Minuten lang köcheln, bis es gar ist, und rühren Sie dabei gelegentlich um.

Anschließend den Spinat dazugeben und unter dem Deckel ca. 5 Minuten köcheln lassen. Guten Appetit!

Klassischer Knoblauchreis

(Fertig in ca. 20 Minuten | Für 4 Personen)

Pro Portion: Kalorien: 422; Fette: 15,1 g; Kohlenhydrate: 61,1 g; Protein: 9,3 g

Zutaten

4 Esslöffel Olivenöl

4 Knoblauchzehen, gehackt

1 ½ Tassen weißer Reis

2 ½ Tassen Gemüsebrühe

Anweisungen

Das Olivenöl in einem Topf auf mäßig hoher Flamme erhitzen. Fügen Sie den Knoblauch hinzu und braten Sie ihn etwa 1 Minute lang an, bis er duftet.

Reis und Brühe hinzufügen. Zum Kochen bringen; Stellen Sie die Hitze sofort auf ein leichtes Kochen.

Etwa 15 Minuten backen oder bis die gesamte Flüssigkeit aufgesogen ist. Den Reis mit einer Gabel putzen, mit Salz und Pfeffer würzen und heiß servieren!

Brauner Reis mit Gemüse und Tofu

(Fertig in ca. 45 Minuten | Für 4 Personen)

Pro Portion: Kalorien: 410; Fette: 13,2 g; Kohlenhydrate: 60 g; Protein: 14,3 g

Zutaten

4 Teelöffel Sesamkörner

2 Zehen Frühlingsknoblauch, gehackt

1 Tasse Frühlingszwiebel, gehackt

1 Karotte, gehackt und in Scheiben geschnitten

1 Selleriestange, in Scheiben geschnitten

1/4 Tasse trockener Weißwein

10 Unzen Tofu, gewürfelt

1 ½ Tassen brauner Langkornreis, gründlich abgespült

2 Esslöffel Sojasauce

2 Esslöffel Tahini

1 Esslöffel Zitronensaft

Anweisungen

2 Teelöffel Sesamöl in einem Wok oder einem großen Topf bei mittlerer bis hoher Hitze erhitzen. Kochen Sie nun den Knoblauch, die Zwiebel, die Karotte und den Sellerie etwa 3 Minuten lang und rühren Sie dabei gelegentlich um, um ein gleichmäßiges Garen zu gewährleisten.

Geben Sie den Wein zum Ablöschen in die Pfanne und schieben Sie das Gemüse auf eine Seite des Woks. Das restliche Sesamöl hinzufügen und den Tofu 8 Minuten lang braten, dabei gelegentlich umrühren.

Bringen Sie 2 ½ Tassen Wasser bei mittlerer bis hoher Hitze zum Kochen. Zum Kochen bringen und den Reis etwa 30 Minuten lang oder bis er weich ist kochen; Den Reis auflockern und mit Sojasauce und Tahini vermischen.

Gemüse und Tofu unter den heißen Reis mischen; Ein paar Tropfen frischen Zitronensaft hinzufügen und warm servieren. Guten Appetit!

Einfaches Amaranth-Püree

(Fertig in ca. 35 Minuten | Für 4 Personen)

Pro Portion: Kalorien: 261; Fette: 4,4 g; Kohlenhydrate: 49 g; Protein: 7,3 g

Zutaten

3 Tassen Wasser

1 Tasse Amaranth

1/2 Tasse Kokosmilch

4 Esslöffel Agavensirup

Eine Prise koscheres Salz

Eine Prise geriebene Muskatnuss

Anweisungen

Bringen Sie das Wasser bei mittlerer bis hoher Hitze zum Kochen. Den Amaranth hinzufügen und die Hitze zum Kochen bringen.

Etwa 30 Minuten kochen lassen, dabei gelegentlich umrühren, damit das Amaranth nicht am Pfannenboden kleben bleibt.

Die restlichen Zutaten hinzufügen und weitere 1-2 Minuten kochen lassen, bis alles gar ist. Guten Appetit!

. County-Maisbrot mit Spinat

(Fertig in ca. 50 Minuten | Für 8 Personen)

Pro Portion: Kalorien: 282; Fette: 15,4 g; Kohlenhydrate: 30 g; Protein: 4,6 g

Zutaten

1 Esslöffel Leinsamenmehl

1 Tasse Allzweckmehl

1 Tasse gelbes Maismehl

1/2 TL Backpulver

1/2 TL Backpulver

1 Teelöffel koscheres Salz

1 Teelöffel brauner Zucker

Eine Prise geriebene Muskatnuss

1 ¼ Tassen Hafermilch, ungesüßt

1 Teelöffel weißer Essig

1/2 Tasse Olivenöl

2 Tassen Spinat, in Stücke gerissen

Anweisungen

Beginnen Sie damit, den Ofen auf 200 °C vorzuheizen. Sprühen Sie nun eine Backform mit Antihaft-Kochspray ein.

Um Leinsameneier zuzubereiten, vermischen Sie Leinsamenmehl mit 3 Esslöffeln Wasser. Umrühren und etwa 15 Minuten ruhen lassen.

Mehl, Maismehl, Natron, Backpulver, Salz, Zucker und geriebene Muskatnuss in einer Schüssel gründlich vermischen.

Fügen Sie nach und nach das Leinsamenei, die Hafermilch, den Essig und das Olivenöl hinzu und rühren Sie dabei ständig um, um Klumpen zu vermeiden. Anschließend den Spinat unterheben.

Den Teig in die vorbereitete Auflaufform kratzen. Backen Sie Ihr Maisbrot etwa 25 Minuten lang oder bis ein in die Mitte eingeführter Tester trocken und sauber herauskommt.

Lassen Sie es etwa 10 Minuten ruhen, bevor Sie es in Scheiben schneiden und servieren. Guten Appetit!

Milchreis mit Johannisbeeren

(Fertig in ca. 45 Minuten | Für 4 Personen)

Pro Portion: Kalorien: 423; Fett: 5,3 g; Kohlenhydrate: 85 g; Protein: 8,8 g

Zutaten

1 ½ Tassen Wasser

1 Tasse weißer Reis

2 ½ Tassen Hafermilch, geteilt

1/2 Tasse weißer Zucker

Eine Prise Salz

Eine Prise geriebene Muskatnuss

1 Teelöffel gemahlener Zimt

1/2 TL Vanilleextrakt

1/2 Tasse getrocknete Rosinen

Anweisungen

Wasser in einem Topf bei mittlerer bis hoher Hitze zum Kochen bringen. Schalten Sie sofort die Hitze ein, geben Sie den Reis hinzu und lassen Sie ihn etwa 20 Minuten kochen.

Milch, Zucker und Gewürze hinzufügen und weitere 20 Minuten unter ständigem Rühren weiterrühren, damit der Reis nicht an der Pfanne kleben bleibt.

Mit getrockneten Johannisbeeren belegen und bei Zimmertemperatur servieren. Guten Appetit!

Hirsebrei mit Sultaninen

(Fertig in ca. 25 Minuten | Für 3 Personen)

Pro Portion: Kalorien: 353; Fett: 5,5 g; Kohlenhydrate: 65,2 g; Protein: 9,8 g

Zutaten

1 Tasse Wasser

1 Tasse Kokosmilch

1 Tasse Hirse, abgespült

1/4 TL geriebene Muskatnuss

1/4 TL gemahlener Zimt

1 Teelöffel Vanillepaste

1/4 Teelöffel koscheres Salz

2 Esslöffel Agavensirup

4 Esslöffel Sultaninen

Anweisungen

Wasser, Milch, Hirse, Muskatnuss, Zimt, Vanille und Salz in einen Topf geben; zum Kochen bringen.

Schalten Sie die Hitze ein und lassen Sie es etwa 20 Minuten kochen; Die Hirse mit einer Gabel und einem Löffel in einzelne Schüsseln auflockern.

Mit Agavensirup und Sultaninen servieren. Guten Appetit!

Quinoa-Porridge mit getrockneten Feigen

(Fertig in ca. 25 Minuten | Für 3 Personen)

Pro Portion: Kalorien: 414; Fett: 9 g; Kohlenhydrate: 71,2 g; Protein: 13,8 g

Zutaten

1 Tasse weiße Quinoa, abgespült

2 Tassen Mandelmilch

4 EL brauner Zucker

Eine Prise Salz

1/4 TL geriebene Muskatnuss

1/2 TL gemahlener Zimt

1/2 TL Vanilleextrakt

1/2 Tasse getrocknete Feigen, gehackt

Anweisungen

Quinoa, Mandelmilch, Zucker, Salz, Muskatnuss, Zimt und Vanilleextrakt in einen Topf geben.

Bei mittlerer bis hoher Hitze zum Kochen bringen. Schalten Sie die Hitze ein und lassen Sie es etwa 20 Minuten kochen; Mit einer Gabel auflockern.

Auf drei Schüsseln verteilen und mit getrockneten Feigen garnieren. Guten Appetit!

Brotpudding mit Rosinen

(Fertig in ca. 1 Stunde | Für 4 Personen)

Pro Portion: Kalorien: 474; Fette: 12,2 g; Kohlenhydrate: 72 g; Protein: 14,4 g

Zutaten

4 Tassen Brot vom Vortag, gewürfelt

1 Tasse brauner Zucker

4 Tassen Kokosmilch

1/2 TL Vanilleextrakt

1 Teelöffel gemahlener Zimt

2 Esslöffel Rum

1/2 Tasse Rosinen

Anweisungen

Beginnen Sie damit, den Ofen auf 360 Grad F vorzuheizen. Eine Auflaufform leicht mit Antihaft-Kochspray einölen.

Die Brotwürfel in die vorbereitete Auflaufform geben.

In einer Schüssel Zucker, Milch, Vanille, Zimt, Rum und Rosinen gründlich vermischen. Den Vanillepudding gleichmäßig über die Brotwürfel gießen.

Etwa 15 Minuten ziehen lassen.

Im vorgeheizten Ofen etwa 45 Minuten backen oder bis die Oberfläche goldbraun und fest ist. Guten Appetit!

Bulgur-Weizen-Salat

(Fertig in ca. 25 Minuten | Für 4 Personen)

Pro Portion: Kalorien: 359; Fett: 15,5 g; Kohlenhydrate: 48,1 g; Protein: 10,1 g

Zutaten

1 Tasse Bulgurweizen

1 ½ Tassen Gemüsebrühe

1 Teelöffel Meersalz

1 Teelöffel frischer Ingwer, gehackt

4 Esslöffel Olivenöl

1 Zwiebel, gehackt

8 Unzen Kichererbsen aus der Dose, abgetropft

2 große geröstete Paprika, in Scheiben geschnitten

2 Esslöffel frische Petersilie, grob gehackt

Anweisungen

Bulgur-Weizen-Gemüse-Brühe in einem tiefen Topf zum Kochen bringen; Zugedeckt 12-13 Minuten garen lassen.

Etwa 10 Minuten stehen lassen und mit einer Gabel auflockern.

Die restlichen Zutaten zum gekochten Bulgurweizen geben; Bei Zimmertemperatur oder gut gekühlt servieren. Guten Appetit!

Roggenbrei mit Blaubeermantel

(Fertig in ca. 15 Minuten | Für 3 Personen)

Pro Portion: Kalorien: 359; Fett: 11 g; Kohlenhydrate: 56,1 g; Protein: 12,1 g

Zutaten

1 Tasse Roggenflocken

1 Tasse Wasser

1 Tasse Kokosmilch

1 Tasse frische Blaubeeren

1 EL Kokosöl

6 Datteln, mit Steinen

Anweisungen

Roggenflocken, Wasser und Kokosmilch in einen tiefen Topf geben; bei mittlerer Hitze zum Kochen bringen. Stellen Sie die Hitze auf eine hohe Stufe und lassen Sie es 5-6 Minuten kochen.

Blaubeeren mit Kokosöl und Datteln in einem Mixer oder einer Küchenmaschine pürieren.

In drei Schüsseln füllen und mit Blaubeer-Topping garnieren.

Guten Appetit!

Kokos-Sorghum-Porridge

(Fertig in ca. 15 Minuten | Für 2 Personen)

Pro Portion: Kalorien: 289; Fette: 5,1 g; Kohlenhydrate: 57,8 g; Protein: 7,3 g

Zutaten

1/2 Tasse Sorghum

1 Tasse Wasser

1/2 Tasse Kokosmilch

1/4 TL geriebene Muskatnuss

1/4 TL gemahlene Nelken

1/2 TL gemahlener Zimt

koscheres Salz nach Geschmack

2 Esslöffel Agavensirup

2 EL Kokosflocken

Anweisungen

Sorghum, Wasser, Milch, Muskatnuss, Nelken, Zimt und koscheres Salz in einen Topf geben; Bei schwacher Hitze etwa 15 Minuten köcheln lassen.

Den Brei in Servierschüsseln verteilen. Mit Agavensirup und Kokosraspeln belegen. Guten Appetit!

Papas aromatischer Reis

(Fertig in ca. 20 Minuten | Für 4 Personen)

Pro Portion: Kalorien: 384; Fette: 11,4 g; Kohlenhydrate: 60,4 g; Protein: 8,3 g

Zutaten

3 Esslöffel Olivenöl

1 Teelöffel Knoblauch, gehackt

1 Teelöffel getrockneter Oregano

1 Teelöffel getrockneter Rosmarin

1 Lorbeerblatt

1 ½ Tassen weißer Reis

2 ½ Tassen Gemüsebrühe

Meersalz und Cayennepfeffer nach Geschmack

Anweisungen

Das Olivenöl in einem Topf auf mäßig hoher Flamme erhitzen. Knoblauch, Oregano, Rosmarin und Lorbeerblatt hinzufügen; Etwa 1 Minute lang köcheln lassen, bis es aromatisch ist.

Reis und Brühe hinzufügen. Zum Kochen bringen; Stellen Sie die Hitze sofort auf ein leichtes Kochen.

Etwa 15 Minuten backen oder bis die gesamte Flüssigkeit aufgesogen ist. Den Reis mit einer Gabel putzen, mit Salz und Pfeffer würzen und sofort servieren.

Guten Appetit!

Alltägliche herzhafte Grütze

(Fertig in ca. 35 Minuten | Für 4 Personen)

Pro Portion: Kalorien: 238; Fett: 6,5 g; Kohlenhydrate: 38,7 g; Protein: 3,7 g

Zutaten

2 EL vegane Butter

1 süße Zwiebel, gehackt

1 Teelöffel Knoblauch, gehackt

4 Tassen Wasser

1 Tasse gemahlene Körner

Meersalz und Cayennepfeffer nach Geschmack

Anweisungen

Die vegane Butter in einem Topf bei mittlerer bis hoher Hitze schmelzen. Wenn die Zwiebel heiß ist, kochen Sie sie etwa 3 Minuten lang oder bis sie weich ist.

Fügen Sie den Knoblauch hinzu und kochen Sie weitere 30 Sekunden lang oder bis er duftet. Reservieren.

Bringen Sie das Wasser bei mäßig hoher Hitze zum Kochen. Grütze, Salz und Pfeffer untermischen. Bringen Sie die Hitze zum Kochen, decken Sie das Ganze ab und kochen Sie es etwa 30 Minuten lang oder bis es gar ist.

Die gedünstete Mischung einrühren und warm servieren. Guten Appetit!

Gerstensalat nach griechischer Art

(Fertig in ca. 35 Minuten | Für 4 Personen)

Pro Portion: Kalorien: 378; Fett: 15,6 g; Kohlenhydrate: 50 g; Protein: 10,7 g

Zutaten

1 Tasse Graupen

2 ¾ Tassen Gemüsebrühe

2 Esslöffel Apfelessig

4 EL natives Olivenöl extra

2 Paprika, entkernt und gewürfelt

1 Schalotte, gehackt

2 Unzen sonnengetrocknete Tomaten in Öl, gehackt

1/2 grüne Olive, entkernt und in Scheiben geschnitten

2 Esslöffel frischer Koriander, grob gehackt

Anweisungen

Gerste und Brühe bei mittlerer Hitze zum Kochen bringen; Jetzt die Hitze zum Kochen bringen.

Etwa 30 Minuten weiterkochen, bis die gesamte Flüssigkeit aufgesogen ist; Mit einer Gabel auflockern.

Gerste mit Essig, Olivenöl, Paprika, Schalotten, sonnengetrockneten Tomaten und Oliven vermischen; gut vermengen.

Mit frischem Koriander garnieren und bei Zimmertemperatur oder gut gekühlt servieren. Genießen!

Einfacher Brei aus Zuckermaismehl

(Fertig in ca. 15 Minuten | Für 2 Personen)

Pro Portion: Kalorien: 278; Fette: 12,7 g; Kohlenhydrate: 37,2 g; Protein: 3g

Zutaten

2 Tassen Wasser

1/2 Tasse Maismehl

1/4 Teelöffel gemahlener Piment

1/4 Teelöffel Salz

2 EL brauner Zucker

2 EL Mandelbutter

Anweisungen

Wasser in einem Topf kochen; Dann nach und nach das Maismehl hinzufügen und die Hitze zum Kochen bringen.

Gemahlenen Piment und Salz hinzufügen. 10 Minuten kochen lassen.

Braunen Zucker und Mandelbutter hinzufügen und vorsichtig verrühren. Guten Appetit!

Mamas Hirse-Muffins

(Fertig in ca. 20 Minuten | Für 8 Personen)

Pro Portion: Kalorien: 367; Fett: 15,9 g; Kohlenhydrate: 53,7 g; Protein: 6,5 g

Zutaten

2 Tassen Vollkornmehl

1/2 Tasse Hirse

2 Teelöffel Backpulver

1/2 Teelöffel Salz

1 Tasse Kokosmilch

1/2 Tasse Kokosöl, geschmolzen

1/2 Tasse Agavennektar

1/2 TL gemahlener Zimt

1/4 TL gemahlene Nelken

Eine Prise geriebene Muskatnuss

1/2 Tasse getrocknete Aprikosen, gehackt

Anweisungen

Beginnen Sie damit, den Ofen auf 400 Grad F vorzuheizen. Eine Muffinform leicht mit Antihaftöl einölen.

Alle trockenen Zutaten in einer Schüssel vermischen. Mischen Sie die feuchten Zutaten in einer separaten Schüssel. Mischen Sie die Milchmischung mit der Mehlmischung; Mischen Sie einfach, bis er gleichmäßig feucht ist, und mischen Sie den Teig nicht zu stark.

Die Aprikosen unterheben und den Teig in die vorbereiteten Muffinformen füllen.

Backen Sie die Muffins im vorgeheizten Ofen etwa 15 Minuten lang oder bis ein in die Mitte des Muffins gesteckter Prüfer trocken und sauber herauskommt.

Lassen Sie es 10 Minuten lang auf einem Kuchengitter ruhen, bevor Sie es aus der Form nehmen und servieren. Genießen!

Ingwerbrauner Reis

(Fertig in ca. 30 Minuten | Für 4 Personen)

Pro Portion: Kalorien: 318; Fett: 8,8 g; Kohlenhydrate: 53,4 g; Protein: 5,6 g

Zutaten

1 ½ Tassen brauner Reis, abgespült

2 EL Olivenöl

1 Teelöffel Knoblauch, gehackt

1 Stück Ingwer, geschält und gehackt

1/2 Teelöffel Kreuzkümmel

Meersalz und gemahlener schwarzer Pfeffer nach Geschmack

Anweisungen

Den braunen Reis in einen Topf geben und 5 cm mit kaltem Wasser bedecken. Zum Kochen bringen.

Stellen Sie die Hitze auf niedrig und kochen Sie das Ganze etwa 30 Minuten lang oder bis es weich ist.

Das Olivenöl in einer Bratpfanne bei mittlerer bis hoher Hitze erhitzen. Wenn es heiß ist, kochen Sie Knoblauch, Ingwer und Kreuzkümmel, bis es duftet.

Knoblauch-Ingwer-Mischung in heißen Reis einrühren; Mit Salz und Pfeffer würzen und sofort servieren. Guten Appetit!

Süße Haferflocken „Tangs"

(Fertig in ca. 20 Minuten | Für 4 Personen)

Pro Portion: Kalorien: 380; Fette: 11,1 g; Kohlenhydrate: 59 g; Protein: 14,4 g

Zutaten

1 ½ Tassen Haferflocken, über Nacht eingeweicht

1 Tasse Mandelmilch

2 Tassen Wasser

Eine Prise geriebene Muskatnuss

Eine Prise gemahlene Nelken

Eine Prise Meersalz

4 EL Mandeln, in Scheiben geschnitten

6 Datteln, entkernt und gehackt

6 Pflaumen, gehackt

Anweisungen

Haferflocken, Mandelmilch und Wasser in einem tiefen Stahltopf zum Kochen bringen.

Muskatnuss, Nelken und Salz hinzufügen. Stellen Sie die Hitze sofort auf eine niedrige Stufe, decken Sie sie ab und kochen Sie sie etwa 15 Minuten lang oder bis sie weich sind.

Dann die Grütze in vier Servierschüsseln verteilen; Mandeln, Datteln und Pflaumen dazugeben.

Guten Appetit!

Freekeh-Schüssel mit getrockneten Feigen

(Fertig in ca. 35 Minuten | Für 2 Personen)

Pro Portion: Kalorien: 458; Fett: 6,8 g; Kohlenhydrate: 90 g; Protein: 12,4 g

Zutaten

1/2 Tasse Freekeh, 30 Minuten einweichen, abtropfen lassen

1 1/3 Tassen Mandelmilch

1/4 TL Meersalz

1/4 TL gemahlene Nelken

1/4 TL gemahlener Zimt

4 Esslöffel Agavensirup

2 Unzen getrocknete Feigen, gehackt

Anweisungen

Freekeh, Milch, Meersalz, gemahlene Nelken und Zimt in einen Topf geben. Bei mittlerer bis hoher Hitze zum Kochen bringen.

Stellen Sie die Hitze sofort für 30–35 Minuten auf niedrige Stufe und rühren Sie dabei gelegentlich um, um ein gleichmäßiges Garen zu gewährleisten.

Agavensirup und Feigen unterrühren. Den Brei in separate Schüsseln füllen und servieren. Guten Appetit!

Maismehlbrei mit Ahornsirup

(Fertig in ca. 20 Minuten | Für 4 Personen)

Pro Portion: Kalorien: 328; Fett: 4,8 g; Kohlenhydrate: 63,4 g; Protein: 6,6 g

Zutaten

2 Tassen Wasser

2 Tassen Mandelmilch

1 Zimtstange

1 Vanilleschote

1 Tasse gelbes Maismehl

1/2 Tasse Ahornsirup

Anweisungen

Wasser und Mandelmilch in einem Topf zum Kochen bringen. Zimtstange und Vanilleschote hinzufügen.

Unter ständigem Rühren nach und nach Maismehl hinzufügen; Bringen Sie die Hitze zum Kochen. Etwa 15 Minuten köcheln lassen.

Ahornsirup über den Brei träufeln und warm servieren. Genießen!

Reis nach mediterraner Art

(Fertig in ca. 20 Minuten | Für 4 Personen)

Pro Portion: Kalorien: 403; Fett: 12 g; Kohlenhydrate: 64,1 g; Protein: 8,3 g

Zutaten

3 EL vegane Butter, zimmerwarm

4 Esslöffel Frühlingszwiebeln, gehackt

2 Knoblauchzehen, gehackt

1 Lorbeerblatt

1 Thymianzweig, gehackt

1 Rosmarinzweig, gehackt

1 ½ Tassen weißer Reis

2 Tassen Gemüsebrühe

1 große Tomate, püriert

Meersalz und gemahlener schwarzer Pfeffer nach Geschmack

2 Unzen Kalamata-Oliven, entkernt und in Scheiben geschnitten

Anweisungen

Die vegane Butter in einem Topf bei mäßig hoher Hitze schmelzen. Kochen Sie die Zwiebeln etwa 2 Minuten lang oder bis sie weich sind.

Knoblauch, Lorbeerblatt, Thymian und Rosmarin hinzufügen und etwa 1 Minute lang weiterkochen, bis es duftet.

Reis, Brühe und pürierte Tomate hinzufügen. Zum Kochen bringen; Stellen Sie die Hitze sofort auf ein leichtes Kochen.

Etwa 15 Minuten backen oder bis die gesamte Flüssigkeit aufgesogen ist. Den Reis mit einer Gabel putzen, mit Salz und Pfeffer würzen und mit Oliven garnieren; sofort servieren.

Guten Appetit!

Bulgur-Pfannkuchen

(Fertig in ca. 50 Minuten | Für 4 Personen)

Pro Portion: Kalorien: 414; Fette: 21,8 g; Kohlenhydrate: 51,8 g; Protein: 6,5 g

Zutaten

1/2 Tasse Bulgurweizenmehl

1/2 Tasse Mandelmehl

1 Teelöffel Backpulver

1/2 Teelöffel feines Meersalz

1 Tasse vollfette Kokosmilch

1/2 TL gemahlener Zimt

1/4 TL gemahlene Nelken

4 EL Kokosöl

1/2 Tasse Ahornsirup

1 große Banane, in Scheiben geschnitten

Anweisungen

Mehl, Backpulver, Salz, Kokosmilch, Zimt und gemahlene Nelken in einer Schüssel gründlich vermischen; Lassen Sie es 30 Minuten lang einwirken, damit es gut einzieht.

Eine kleine Menge Kokosöl in einer Pfanne erhitzen.

Die Pfannkuchen braten, bis die Oberfläche goldbraun ist. Mit Ahornsirup und Banane garnieren. Guten Appetit!

Schokoladen-Roggenbrei

(Fertig in ca. 10 Minuten | Für 4 Personen)

Pro Portion: Kalorien: 460; Fette: 13,1 g; Kohlenhydrate: 72,2 g; Protein: 15 g

Zutaten

2 Tassen Roggenflocken

2 ½ Tassen Mandelmilch

2 Unzen Pflaumen, gehackt

2 Unzen dunkle Schokoladenstückchen

Anweisungen

Roggenflocken und Mandelmilch in einen tiefen Topf geben; bei mittlerer Hitze zum Kochen bringen. Stellen Sie die Hitze auf eine hohe Stufe und lassen Sie es 5-6 Minuten kochen.

Vom Herd nehmen. Gehackte Pflaumen und Schokoladenstückchen unterheben und vorsichtig verrühren, bis eine glatte Masse entsteht.

In Servierschüsseln füllen und warm servieren.

Guten Appetit!

Ein authentisches afrikanisches Mielie-Essen

(Fertig in ca. 15 Minuten | Für 4 Personen)

Pro Portion: Kalorien: 336; Fette: 15,1 g; Kohlenhydrate: 47,9 g; Protein: 4,1 g

Zutaten

3 Tassen Wasser

1 Tasse Kokosmilch

1 Tasse Maismehl

1/3 Teelöffel koscheres Salz

1/4 TL geriebene Muskatnuss

1/4 TL gemahlene Nelken

4 EL Ahornsirup

Anweisungen

Wasser und Milch in einem Topf aufkochen; Dann nach und nach das Maismehl hinzufügen und die Hitze zum Kochen bringen.

Salz, Muskatnuss und Nelken hinzufügen. 10 Minuten kochen lassen.

Den Ahornsirup dazugeben und vorsichtig verrühren, bis eine glatte Masse entsteht. Guten Appetit!

Teffbrei mit getrockneten Feigen

(Fertig in ca. 25 Minuten | Für 4 Personen)

Pro Portion: Kalorien: 356; Fette: 12,1 g; Kohlenhydrate: 56,5 g; Protein: 6,8 g

Zutaten

1 Tasse Vollkorn-Teff

1 Tasse Wasser

2 Tassen Kokosmilch

2 EL Kokosöl

1/2 Teelöffel gemahlener Kardamom

1/4 TL gemahlener Zimt

4 Esslöffel Agavensirup

7-8 getrocknete Feigen, gehackt

Anweisungen

Vollkorn-Teff, Wasser und Kokosmilch zum Kochen bringen.

Stellen Sie die Hitze auf niedrig und fügen Sie Kokosöl, Kardamom und Zimt hinzu.

Lassen Sie es 20 Minuten lang kochen oder bis das Getreide weich und der Brei eingedickt ist. Den Agavensirup einrühren und glatt rühren.

Jede Servierschüssel mit gehackten Feigen belegen und warm servieren. Guten Appetit!

Dekadenter Brotpudding mit Aprikosen

(Fertig in ca. 1 Stunde | Für 4 Personen)

Pro Portion: Kalorien: 418; Fett: 18,8 g; Kohlenhydrate: 56,9 g; Protein: 7,3 g

Zutaten

4 Tassen Ciabatta-Brot vom Vortag, gewürfelt

4 EL Kokosöl, geschmolzen

2 Tassen Kokosmilch

1/2 Tasse Kokosnusszucker

4 Esslöffel Apfelmus

1/4 TL gemahlene Nelken

1/2 TL gemahlener Zimt

1 Teelöffel Vanilleextrakt

1/3 Tasse getrocknete Aprikosen, gehackt

Anweisungen

Beginnen Sie damit, den Ofen auf 360 Grad F vorzuheizen. Eine Auflaufform leicht mit Antihaft-Kochspray einölen.

Die Brotwürfel in die vorbereitete Auflaufform geben.

In einer Schüssel Kokosöl, Milch, Kokoszucker, Apfelmus, gemahlene Nelken, gemahlenen Zimt und Vanille gründlich vermischen. Den Vanillepudding gleichmäßig über die Brotwürfel gießen; Aprikosen unterrühren.

Mit einem breiten Spatel andrücken und ca. 15 Minuten ziehen lassen.

Im vorgeheizten Ofen etwa 45 Minuten backen oder bis die Oberfläche goldbraun und fest ist. Guten Appetit!

Chipotle-Korianderreis

(Fertig in ca. 25 Minuten | Für 4 Personen)

Pro Portion: Kalorien: 313; Fett: 15 g; Kohlenhydrate: 37,1 g; Protein: 5,7 g

Zutaten

4 Esslöffel Olivenöl

1 Chipotle-Pfeffer, entkernt und gehackt

1 Tasse Jasminreis

1 ½ Tassen Gemüsebrühe

1/4 Tasse frischer Koriander, gehackt

Meersalz und Cayennepfeffer nach Geschmack

Anweisungen

Das Olivenöl in einem Topf auf mäßig hoher Flamme erhitzen. Pfeffer und Reis hinzufügen und etwa 3 Minuten kochen lassen, bis es duftet.

Die Gemüsebrühe in einen Topf gießen und zum Kochen bringen; Stellen Sie die Hitze sofort auf ein leichtes Kochen.

Etwa 18 Minuten backen oder bis die gesamte Flüssigkeit aufgesogen ist. Den Reis mit einer Gabel auflockern, Koriander, Salz und Cayennepfeffer hinzufügen; umrühren, um alles gut zu vermischen. Guten Appetit!

Haferflocken mit Mandeln

(Fertig in ca. 20 Minuten | Für 2 Personen)

Pro Portion: Kalorien: 533; Fette: 13,7 g; Kohlenhydrate: 85 g; Protein: 21,6 g

Zutaten

1 Tasse Wasser

2 Tassen Mandelmilch, geteilt

1 Tasse Haferflocken

2 EL Kokosblütenzucker

1/2 Vanilleessenz

1/4 Teelöffel Kardamom

1/2 Tasse Mandeln, gehackt

1 Banane, in Scheiben geschnitten

Anweisungen

Wasser und Milch in einem tiefen Topf schnell zum Kochen bringen. Fügen Sie die Haferflocken hinzu, decken Sie den Topf ab und stellen Sie die Hitze auf mittlere Stufe.

Kokosblütenzucker, Vanille und Kardamom hinzufügen. Unter gelegentlichem Rühren etwa 12 Minuten weitergaren.

Die Mischung in Servierschüsseln füllen; garniert mit Mandeln und Banane. Guten Appetit!

Aromatische Hirse-Bowl

(Fertig in ca. 20 Minuten | Für 3 Personen)

Pro Portion: Kalorien: 363; Fett: 6,7 g; Kohlenhydrate: 63,5 g; Protein: 11,6 g

Zutaten

1 Tasse Wasser

1 ½ Tassen Kokosmilch

1 Tasse Hirse, abgespült und abgetropft

1/4 Teelöffel kristallisierter Ingwer

1/4 TL gemahlener Zimt

Eine Prise geriebene Muskatnuss

Eine Prise Himalaya-Salz

2 EL Ahornsirup

Anweisungen

Wasser, Milch, Hirse, kristallisierten Ingwer-Zimt, Muskatnuss und Salz in einen Topf geben; zum Kochen bringen.

Schalten Sie die Hitze ein und lassen Sie es etwa 20 Minuten kochen; Die Hirse mit einer Gabel und einem Löffel in einzelne Schüsseln auflockern.

Mit Ahornsirup servieren. Guten Appetit!

Harissa Bulgur Schüssel

(Fertig in ca. 25 Minuten | Für 4 Personen)

Pro Portion: Kalorien: 353; Fett: 15,5 g; Kohlenhydrate: 48,5 g; Protein: 8,4 g

Zutaten

1 Tasse Bulgurweizen

1 ½ Tassen Gemüsebrühe

2 Tassen Zuckermaiskörner, aufgetaut

1 Tasse Bohnen aus der Dose, abgetropft

1 rote Zwiebel, in dünne Scheiben geschnitten

1 Knoblauchzehe, gehackt

Meersalz und gemahlener schwarzer Pfeffer nach Geschmack

1/4 Tasse Harissa-Paste

1 Esslöffel Zitronensaft

1 Esslöffel weißer Essig

1/4 Tasse natives Olivenöl extra

1/4 Tasse frische Petersilienblätter, grob gehackt

Anweisungen

Bulgur-Weizen-Gemüse-Brühe in einem tiefen Topf zum Kochen bringen; Zugedeckt 12-13 Minuten garen lassen.

5-10 Minuten stehen lassen und den Bulgur mit einer Gabel auflockern.

Die restlichen Zutaten zum gekochten Bulgurweizen geben; Warm oder bei Zimmertemperatur servieren. Guten Appetit!

Kokosnuss-Kinoparty

(Fertig in ca. 20 Minuten | Für 3 Personen)

Pro Portion: Kalorien: 391; Fett: 10,6 g; Kohlenhydrate: 65,2 g; Protein: 11,1 g

Zutaten

1 Tasse Wasser

1 Tasse Kokosmilch

1 Tasse Quinoa

Eine Prise koscheres Salz

Eine Prise gemahlener Piment

1/2 Teelöffel Zimt

1/2 TL Vanilleextrakt

4 Esslöffel Agavensirup

1/2 Tasse Kokosflocken

Anweisungen

Wasser, Kokosmilch, Quinoa, Salz, gemahlenen Piment, Zimt und Vanilleextrakt in einen Topf geben.

Bei mittlerer bis hoher Hitze zum Kochen bringen. Schalten Sie die Hitze ein und lassen Sie es etwa 20 Minuten kochen; Mit einer Gabel auflockern und Agavensirup hinzufügen.

Auf drei Servierschüsseln verteilen und mit Kokosflocken garnieren. Guten Appetit!

Cremini-Pilzrisotto

(Fertig in ca. 20 Minuten | Für 3 Personen)

Pro Portion: Kalorien: 513; Fett: 12,5 g; Kohlenhydrate: 88 g; Protein: 11,7 g

Zutaten

3 Esslöffel vegane Butter

1 Teelöffel Knoblauch, gehackt

1 TL Thymian

1 Pfund geschnittene Cremini-Pilze

1 ½ Tassen weißer Reis

2 ½ Tassen Gemüsebrühe

1/4 Tasse trockener Sherrywein

Koscheres Salz und gemahlener schwarzer Pfeffer nach Geschmack

3 Esslöffel frische Frühlingszwiebeln, in dünne Scheiben geschnitten

Anweisungen

Die vegane Butter in einem Topf bei mäßig hoher Hitze schmelzen. Kochen Sie Knoblauch und Thymian etwa 1 Minute lang oder bis sie duften.

Fügen Sie die Pilze hinzu und braten Sie weiter, bis sie ihre Flüssigkeit abgeben, also etwa 3 Minuten.

Reis, Gemüsebrühe und Sherry hinzufügen. Zum Kochen bringen; Stellen Sie die Hitze sofort auf ein leichtes Kochen.

Etwa 15 Minuten backen oder bis die gesamte Flüssigkeit aufgesogen ist. Den Reis mit einer Gabel putzen, mit Salz und Pfeffer würzen und mit frischen Zwiebeln garnieren.

Guten Appetit!

Buntes Risotto mit Gemüse

(Fertig in ca. 35 Minuten | Für 5 Personen)

Pro Portion: Kalorien: 363; Fett: 7,5 g; Kohlenhydrate: 66,3 g; Protein: 7,7 g

Zutaten

2 EL Sesamöl

1 Zwiebel, gehackt

2 Paprika, gehackt

1 Pastinake, geputzt und gehackt

1 Karotte, in Scheiben geschnitten und gewürfelt

1 Tasse Brokkoliröschen

2 Knoblauchzehen, fein gehackt

1/2 TL gemahlene Kreuzkümmelsamen

2 Tassen brauner Reis

Meersalz und schwarzer Pfeffer nach Geschmack

1/2 TL gemahlener Kurkuma

2 Esslöffel frischer Koriander, fein gehackt

Anweisungen

Das Sesamöl in einem Topf bei mittlerer bis hoher Hitze erhitzen.

Wenn es heiß ist, kochen Sie die Zwiebel, die Paprika, die Pastinake, die Karotte und den Brokkoli etwa 3 Minuten lang, bis sie duften.

Knoblauch und gemahlenen Kreuzkümmel hinzufügen; Weitere 30 Sekunden kochen, bis es aromatisch ist.

Den braunen Reis in einen Topf geben und 5 cm mit kaltem Wasser bedecken. Zum Kochen bringen. Stellen Sie die Hitze auf niedrig und kochen Sie das Ganze etwa 30 Minuten lang oder bis es weich ist.

Reis unter die Gemüsemischung mischen; Mit Salz, schwarzem Pfeffer und gemahlener Kurkuma würzen; Mit frischem Koriander garnieren und sofort servieren. Guten Appetit!

Amaranthkörner mit Walnüssen

(Fertig in ca. 35 Minuten | Für 4 Personen)

Pro Portion: Kalorien: 356; Fett: 12 g; Kohlenhydrate: 51,3 g; Protein: 12,2 g

Zutaten

2 Tassen Wasser

2 Tassen Kokosmilch

1 Tasse Amaranth

1 Zimtstange

1 Vanilleschote

4 EL Ahornsirup

4 EL Walnüsse, gehackt

Anweisungen

Wasser und Kokosmilch bei mittlerer bis hoher Hitze zum Kochen bringen; Amaranth, Zimt und Vanille hinzufügen und die Hitze zum Kochen bringen.

Etwa 30 Minuten kochen lassen, dabei gelegentlich umrühren, damit das Amaranth nicht am Pfannenboden kleben bleibt.

Mit Ahornsirup und Walnüssen belegen. Guten Appetit!

Gerstenpilaw mit Waldpilzen

(Fertig in ca. 45 Minuten | Für 4 Personen)

Pro Portion: Kalorien: 288; Fett: 7,7 g; Kohlenhydrate: 45,3 g; Protein: 12,1 g

Zutaten

2 EL vegane Butter

1 kleine Zwiebel, gehackt

1 Teelöffel Knoblauch, gehackt

1 Jalapenopfeffer, entkernt und gehackt

1 Kilo Waldpilze, in Scheiben geschnitten

1 Tasse mittlere Graupen, abgespült

2 ¾ Tassen Gemüsebrühe

Anweisungen

Die vegane Butter in einem Topf bei mittlerer bis hoher Hitze schmelzen.

Sobald die Zwiebel heiß ist, kochen Sie sie etwa 3 Minuten lang, bis sie weich ist.

Knoblauch, Jalapenopfeffer und Pilze hinzufügen; 2 Minuten weiter braten, bis es aromatisch ist.

Gerste und Brühe hinzufügen, abdecken und etwa 30 Minuten weiter köcheln lassen. Wenn die gesamte Flüssigkeit aufgesogen ist, lassen Sie die Gerste mit einer Gabel etwa 10 Minuten ruhen.

Abschmecken und Gewürze anpassen. Guten Appetit!

Süße Maisbrot-Muffins

(Fertig in ca. 30 Minuten | Für 8 Personen)

Pro Portion: Kalorien: 311; Fette: 13,7 g; Kohlenhydrate: 42,3 g; Protein: 4,5 g

Zutaten

1 Tasse Allzweckmehl

1 Tasse gelbes Maismehl

1 Teelöffel Backpulver

1 Teelöffel Backpulver

1 Teelöffel koscheres Salz

1/2 Tasse Zucker

1/2 TL gemahlener Zimt

1 1/2 Tassen Mandelmilch

1/2 Tasse vegane Butter, geschmolzen

2 Esslöffel Apfelmus

Anweisungen

Beginnen Sie damit, den Ofen auf 200 °C vorzuheizen. Sprühen Sie nun eine Muffinform mit Antihaft-Kochspray ein.

In einer Schüssel Mehl, Maismehl, Natron, Backpulver, Salz, Zucker und Zimt gründlich vermischen.

Nach und nach Milch, Butter und Apfelmus hinzufügen und dabei ständig rühren, damit sich keine Klumpen bilden.

Den Teig in die vorbereitete Muffinform füllen. Backen Sie die Muffins etwa 25 Minuten lang oder bis ein in die Mitte eingesetztes Förmchen trocken und sauber herauskommt.

Legen Sie sie auf einen Rost und lassen Sie sie 5 Minuten ruhen, bevor Sie sie aus der Form nehmen und servieren. Guten Appetit!

Aromatischer Milchreis mit getrockneten Feigen

(Fertig in ca. 45 Minuten | Für 4 Personen)

Pro Portion: Kalorien: 407; Fett: 7,5 g; Kohlenhydrate: 74,3 g; Protein: 10,7 g

Zutaten

2 Tassen Wasser

1 Tasse mittelkörniger weißer Reis

3 ½ Tassen Kokosmilch

1/2 Tasse Kokosnusszucker

1 Zimtstange

1 Vanilleschote

1/2 Tasse getrocknete Feigen, gehackt

4 EL Kokosnuss, geraspelt

Anweisungen

Wasser in einem Topf bei mittlerer bis hoher Hitze zum Kochen bringen. Schalten Sie sofort die Hitze ein, geben Sie den Reis hinzu und lassen Sie ihn etwa 20 Minuten kochen.

Milch, Zucker und Gewürze hinzufügen und weitere 20 Minuten unter ständigem Rühren weiterrühren, damit der Reis nicht an der Pfanne kleben bleibt.

Mit getrockneten Feigen und Kokosnuss belegen; Servieren Sie Ihren Pudding warm oder bei Zimmertemperatur. Guten Appetit!

Potage au Quinoa

(Fertig in ca. 25 Minuten | Für 4 Personen)

Pro Portion: Kalorien: 466; Fette: 11,1 g; Kohlenhydrate: 76 g; Protein: 16,1 g

Zutaten

2 EL Olivenöl

1 Zwiebel, gehackt

4 mittelgroße Kartoffeln, geschält und gewürfelt

1 Karotte, gehackt und gewürfelt

1 Pastinake, geputzt und gewürfelt

1 Jalapenopfeffer, entkernt und gehackt

4 Tassen Gemüsebrühe

1 Tasse Quinoa

Meersalz und gemahlener weißer Pfeffer nach Geschmack

Anweisungen

Das Olivenöl in einem Topf mit starkem Boden bei mittlerer bis hoher Hitze erhitzen. Zwiebel, Kartoffel, Karotte, Pastinake und Paprika etwa 5 Minuten anbraten, bis sie weich sind.

Gemüsebrühe und Quinoa hinzufügen; zum Kochen bringen.

Stellen Sie die Hitze sofort für etwa 15 Minuten auf niedrige Stufe oder bis die Quinoa weich ist.

Mit Salz und Pfeffer abschmecken. Pürieren Sie Ihre Pflanze mit einem Stabmixer. Kurz vor dem Servieren die Mischung noch einmal erhitzen und genießen!

Sorghumschale mit Mandeln

(Fertig in ca. 15 Minuten | Für 4 Personen)

Pro Portion: Kalorien: 384; Fette: 14,7 g; Kohlenhydrate: 54,6 g; Protein: 13,9 g

Zutaten

1 Tasse Sorghum

3 Tassen Mandelmilch

Eine Prise Meersalz

Eine Prise geriebene Muskatnuss

1/2 TL gemahlener Zimt

1/4 Teelöffel gemahlener Kardamom

1 Teelöffel kristallisierter Ingwer

4 EL brauner Zucker

4 EL Mandeln, in Scheiben geschnitten

Anweisungen

Sorghum, Mandelmilch, Salz, Muskatnuss, Zimt, Kardamom und kandierten Ingwer in einen Topf geben; Bei schwacher Hitze etwa 15 Minuten köcheln lassen.

Braunen Zucker hinzufügen, umrühren und den Brei in Servierschüsseln füllen.

Mit Mandeln belegen und sofort servieren. Guten Appetit!

Bulgur-Muffins mit Rosinen

(Fertig in ca. 20 Minuten | Für 6 Personen)

Pro Portion: Kalorien: 306; Fette: 12,1 g; Kohlenhydrate: 44,6 g; Protein: 6,1 g

Zutaten

1 Tasse Bulgur, gekocht

4 EL Kokosöl, geschmolzen

1 Teelöffel Backpulver

1 Teelöffel Backpulver

2 Esslöffel Leinsameneier

1 ¼ Tassen Allzweckmehl

1/2 Tasse Kokosmehl

1 Tasse Kokosmilch

4 EL brauner Zucker

1/2 Tasse Rosinen, verpackt

Anweisungen

Beginnen Sie damit, den Ofen auf 200 °C vorzuheizen. Sprühen Sie eine Muffinform mit Antihaft-Speiseöl ein.

Alle trockenen Zutaten gründlich vermischen. Gekochten Bulgur hinzufügen.

In einer anderen Schüssel alle feuchten Zutaten verquirlen; feuchte Mischung zur Bulgurmischung geben; Die Rosinen einrühren.

Mischen, bis alles gut vermischt, aber nicht zu stark vermischt ist; Den Teig in den vorbereiteten Muffin geben.

Backen Sie die Muffins nun etwa 16 Minuten lang oder bis sie trocken und sauber herauskommen. Guten Appetit!

Altmodischer Pilaw

(Fertig in ca. 45 Minuten | Für 4 Personen)

Pro Portion: Kalorien: 532; Fette: 11,4 g; Kohlenhydrate: 93 g; Protein: 16,3 g

Zutaten

2 EL Sesamöl

1 Schalotte, in Scheiben geschnitten

2 Paprika, entkernt und in Scheiben geschnitten

3 Knoblauchzehen, gehackt

10 Unzen Austernpilze, gereinigt und in Scheiben geschnitten

2 Tassen brauner Reis

2 Tomaten, püriert

2 Tassen Gemüsebrühe

Salz und schwarzer Pfeffer nach Geschmack

1 Tasse Maiskörner

1 Tasse grüne Erbsen

Anweisungen

Das Sesamöl in einem Topf bei mittlerer bis hoher Hitze erhitzen.

Wenn sie heiß sind, kochen Sie die Schalotten und Paprika etwa 3 Minuten lang, bis sie weich sind.

Knoblauch und Austernpilze hinzufügen; Etwa 1 Minute weiter braten, bis es aromatisch ist.

Reis, Tomaten, Brühe, Salz, schwarzen Pfeffer, Mais und grüne Erbsen, die durch die Pilzmischung abgetropft wurden, in eine leicht geölte Auflaufform geben.

Zugedeckt bei 180 °C etwa 40 Minuten backen, nach 20 Minuten umrühren. Guten Appetit!

Freekeh-Salat mit Za'atar

(Fertig in ca. 35 Minuten | Für 4 Personen)

Pro Portion: Kalorien: 352; Fette: 17,1 g; Kohlenhydrate: 46,3 g; Protein: 8 g

Zutaten

1 Tasse gratis

2 ½ Tassen Wasser

1 Tasse Traubentomaten, halbiert

2 Paprika, entkernt und in Scheiben geschnitten

1 Habanero-Pfeffer, entkernt und in Scheiben geschnitten

1 Zwiebel, in dünne Scheiben geschnitten

2 Esslöffel frischer Koriander, gehackt

2 Esslöffel frische Petersilie, gehackt

2 Unzen grüne Oliven, entkernt und in Scheiben geschnitten

1/4 Tasse natives Olivenöl extra

2 Esslöffel Zitronensaft

1 Teelöffel Feinkostsenf

1 Teelöffel Za'atar

Meersalz und gemahlener schwarzer Pfeffer nach Geschmack

Anweisungen

Freekeh und Wasser in einen Topf geben. Bei mittlerer bis hoher Hitze zum Kochen bringen.

Stellen Sie die Hitze sofort für 30–35 Minuten auf niedrige Stufe und rühren Sie dabei gelegentlich um, um ein gleichmäßiges Garen zu gewährleisten. Vollständig abkühlen lassen.

Das gekochte Freekeh mit den restlichen Zutaten vermischen. Gut umrühren.

Guten Appetit!

Gemüse-Amaranth-Suppe

(Fertig in ca. 30 Minuten | Für 4 Personen)

Pro Portion: Kalorien: 196; Fette: 8,7 g; Kohlenhydrate: 26,1 g; Protein: 4,7 g

Zutaten

2 EL Olivenöl

1 kleine Schalotte, gehackt

1 Karotte, in Scheiben geschnitten und gewürfelt

1 Pastinake, geputzt und gehackt

1 Tasse gelber Kürbis, geschält und gehackt

1 Teelöffel Fenchelsamen

1 Teelöffel Selleriesamen

1 Teelöffel Kurkumapulver

1 Lorbeer

1/2 Tasse Amaranth

2 Tassen Selleriecremesuppe

2 Tassen Wasser

2 Tassen Grünkohl, in Stücke gerissen

Meersalz und gemahlener schwarzer Pfeffer nach Geschmack

Anweisungen

Das Olivenöl in einem Topf mit starkem Boden erhitzen, bis es brutzelt. Wenn es heiß ist, bräunen Sie die Schalotten, Karotten, Pastinaken und Zucchini 5 Minuten lang oder bis sie weich sind.

Dann die Fenchelsamen, Selleriesamen, Kurkumapulver und Lorbeerblätter etwa 30 Sekunden lang anbraten, bis sie duften.

Amaranth, Suppe und Wasser hinzufügen. Bringen Sie die Hitze zum Kochen. Abdecken und 15–18 Minuten köcheln lassen.

Dann Grünkohl dazugeben, mit Salz und schwarzem Pfeffer würzen und weitere 5 Minuten köcheln lassen. Genießen!

Polenta mit Pilzen und Kichererbsen

(Fertig in ca. 25 Minuten | Für 4 Personen)

Pro Portion: Kalorien: 488; Fette: 12,2 g; Kohlenhydrate: 71 g; Protein: 21,4 g

Zutaten

3 Tassen Gemüsebrühe

1 Tasse gelbes Maismehl

2 EL Olivenöl

1 Zwiebel, gehackt

1 Paprika, entkernt und in Scheiben geschnitten

1 Pfund geschnittene Cremini-Pilze

2 Knoblauchzehen, gehackt

1/2 Tasse trockener Weißwein

1/2 Tasse Gemüsebrühe

Koscheres Salz und frisch gemahlener schwarzer Pfeffer nach Geschmack

1 Teelöffel Paprika

1 cl Kichererbsen aus der Dose, abgetropft

Anweisungen

In einem mittelgroßen Topf die Gemüsebrühe bei mittlerer bis hoher Hitze zum Kochen bringen. Geben Sie nun die Speisestärke unter ständigem Rühren hinzu, um Klümpchen zu vermeiden.

Hitze reduzieren und köcheln lassen. Unter gelegentlichem Rühren etwa 18 Minuten lang weiterkochen, bis die Mischung eingedickt ist.

In der Zwischenzeit das Olivenöl in einem Topf bei mäßig hoher Hitze erhitzen. Kochen Sie die Zwiebel und die Paprika etwa 3 Minuten lang oder bis sie weich und duftend sind.

Pilze und Knoblauch hinzufügen; Weiter braten und nach und nach Wein und Brühe hinzufügen, weitere 4 Minuten lang oder bis es gar ist. Mit Salz, schwarzem Pfeffer und Paprika würzen. Kichererbsen unterrühren.

Die Pilzmischung über die Polenta geben und warm servieren. Guten Appetit!

Teffsalat mit Avocado und Bohnen

(Fertig in ca. 20 Minuten + Abkühlzeit | 2 Portionen)

Pro Portion: Kalorien: 463; Fette: 21,2 g; Kohlenhydrate: 58,9 g; Protein: 13,1 g

Zutaten

2 Tassen Wasser

1/2 Tasse Teffkörner

1 Teelöffel frischer Zitronensaft

3 EL vegane Mayonnaise

1 Teelöffel Feinkostsenf

1 kleine Avocado, entkernt, geschält und in Scheiben geschnitten

1 kleine rote Zwiebel, in dünne Scheiben geschnitten

1 kleine persische Gurke, in Scheiben geschnitten

1/2 Tasse Bohnen aus der Dose, abgetropft

2 Tassen Babyspinat

Anweisungen

Bringen Sie das Wasser in einem tiefen Topf bei starker Hitze zum Kochen. Geben Sie das Teffkorn hinzu und stellen Sie die Hitze auf niedrige Stufe.

Mit geschlossenem Deckel etwa 20 Minuten weitergaren oder bis es weich ist. Vollständig abkühlen lassen.

Die restlichen Zutaten hinzufügen und glatt rühren. Bei Zimmertemperatur servieren. Guten Appetit!

Overnight-Oatmeal mit Walnüssen

(Fertig in ca. 5 Minuten + Abkühlzeit | 3 Portionen)

Pro Portion: Kalorien: 423; Fett: 16,8 g; Kohlenhydrate: 53,1 g; Protein: 17,3 g

Zutaten

  1 Tasse altmodische Haferflocken

  3 EL Chiasamen

  1 ½ Tassen Kokosmilch

  3 Teelöffel Agavensirup

  1 Teelöffel Vanilleextrakt

  1/2 TL gemahlener Zimt

  3 Esslöffel Walnüsse, gehackt

  Eine Prise Salz

  Eine Prise geriebene Muskatnuss

Anweisungen

Verteilen Sie die Zutaten auf drei Einmachgläser.

Abdecken und schütteln, damit sich alles gut vermischt. Lassen Sie sie über Nacht im Kühlschrank ruhen.

Vor dem Servieren können Sie etwas Milch hinzufügen. Genießen!

Limetten-Kokos-Sauce

(Fertig in ca. 10 Minuten | Für 7 Personen)

Pro Portion: Kalorien: 87; Fett: 8,8 g; Kohlenhydrate: 2,6 g; Protein: 0,8 g

Zutaten

1 Teelöffel Kokosöl

1 große Knoblauchzehe, gehackt

1 Teelöffel frischer Ingwer, gehackt

1 Tasse Kokosmilch

1 Limette, frisch gepresst und geschält

Eine Prise Himalaya-Steinsalz

Anweisungen

Das Kokosöl in einem kleinen Topf bei mittlerer Hitze schmelzen. Wenn es heiß ist, kochen Sie Knoblauch und Ingwer etwa 1 Minute lang oder bis sie duften.

Bringen Sie die Hitze zum Kochen und fügen Sie Kokosmilch, Limettensaft, Limettenschale und Salz hinzu. 1 Minute weiterkochen oder bis es durchgeheizt ist.

Guten Appetit!

Hausgemachte Guacamole

(Fertig in ca. 10 Minuten | Für 7 Personen)

Pro Portion: Kalorien: 107; Fett: 8,6 g; Kohlenhydrate: 7,9 g; Protein: 1,6 g

Zutaten

2 Avocados, geschält, entkernt

1 Zitrone, Saft

Meersalz und gemahlener schwarzer Pfeffer nach Geschmack

1 kleine Zwiebel, gehackt

2 Esslöffel gehackter frischer Koriander

1 große Tomate, gehackt

Anweisungen

Die Avocados mit den restlichen Zutaten in einer Rührschüssel pürieren.

Guacamole zum Servieren kühl stellen. Guten Appetit!

Die einfachste vegane Mayonnaise aller Zeiten

(Fertig in ca. 15 Minuten | Für 6 Personen)

Pro Portion: Kalorien: 167; Fette: 18,1 g; Kohlenhydrate: 0,7 g; Protein: 0,4 g

Zutaten

1/2 Tasse Olivenöl, zimmerwarm

1/4 Tasse Reismilch, ungesüßt, bei Zimmertemperatur

1 Teelöffel gelber Senf

1 Esslöffel frischer Zitronensaft

1/3 Teelöffel kosheres Salz

Anweisungen

Kombinieren Sie Milch, Senf, Zitronensaft und Salz in Ihrem Hochleistungsmixer.

Geben Sie bei laufender Maschine nach und nach das Olivenöl hinzu und mischen Sie bei niedriger Geschwindigkeit weiter, bis die Mischung eindickt.

Im Kühlschrank ca. 6 Tage aufbewahren. Guten Appetit!

Sonnenblumen- und Hanfsamenbutter

(Fertig in ca. 15 Minuten | Für 16 Personen)

Pro Portion: Kalorien: 124; Fett: 10,6 g; Kohlenhydrate: 4,9 g; Protein: 4,3 g

Zutaten

2 Tassen Sonnenblumenkerne, geschält und geröstet

4 Esslöffel Hanfsamen

2 EL Leinsamenmehl

Eine Prise Salz

Eine Prise geriebene Muskatnuss

2 Datteln, mit Steinen

Anweisungen

Sonnenblumenkerne in einer Küchenmaschine zerkleinern, bis Butter entsteht.

Die restlichen Zutaten hinzufügen und weiter mixen, bis eine cremige und glatte Masse entsteht.

Abschmecken und den Geschmack je nach Bedarf anpassen. Guten Appetit!

Cremige Senfsauce

(Fertig in ca. 35 Minuten | Für 4 Personen)

Pro Portion: Kalorien: 73; Fette: 4,2 g; Kohlenhydrate: 7,1 g; Protein: 1,7 g

Zutaten

1/2 normaler Hummus

1 Teelöffel frischer Knoblauch, gehackt

1 Esslöffel Feinkostsenf

1 EL natives Olivenöl extra

1 Esslöffel frischer Limettensaft

1 TL rote Paprikaflocken

1/2 TL Meersalz

1/4 TL gemahlener schwarzer Pfeffer

Anweisungen

Alle Zutaten in einer Rührschüssel gründlich vermischen.

Lassen Sie es vor dem Servieren etwa 30 Minuten im Kühlschrank ruhen.

Guten Appetit!

Traditionelles Ajvar im Balkanstil

(Fertig in ca. 30 Minuten | Für 6 Personen)

Pro Portion: Kalorien: 93; Fett: 4,9 g; Kohlenhydrate: 11,1 g; Protein: 1,8 g

Zutaten

4 rote Paprika

1 kleine Aubergine

1 Knoblauchzehe, zerdrückt

2 EL Olivenöl

1 Teelöffel weißer Essig

Koscheres Salz und gemahlener schwarzer Pfeffer nach Geschmack

Anweisungen

Paprika und Auberginen grillen, bis sie weich und verkohlt sind.

Geben Sie die Paprika in eine Plastiktüte und lassen Sie sie etwa 15 Minuten lang dämpfen. Von den Paprika und Auberginen Schale, Kerne und Kerngehäuse entfernen.

Anschließend in die Schüssel einer Küchenmaschine geben. Knoblauch, Olivenöl, Essig, Salz und schwarzen Pfeffer hinzufügen und weiter verrühren, bis alles gut vermischt ist.

www.ingramcontent.com/pod-product-compliance
Lightning Source LLC
Chambersburg PA
CBHW071856110526
44591CB00011B/1431